세상엔 알고 싶은 건축물이 너무도 많아

역사와 문화가 보이는 서양 건축 여행

Original Japanese Language edition
KENCHIKU YOGO ZUKAN SEIYO HEN
by Tatsuhiko Sugimoto, Mitsuru Nagaoki, Takanori Kaburagi, Mariko Ito,
Nanako Kataoka, Shigenobu Nakayama, Takashi Koshii

Copyright © Tatsuhiko Sugimoto, Mitsuru Nagaoki, Takanori Kaburagi, Mariko Ito,
Nanako Kataoka, Shigenobu Nakayama, Takashi Koshii 2020
Published by Ohmsha, Ltd.

Korean translation rights by arrangement with Ohmsha, Ltd.
through Japan UNI Agency, Inc., Tokyo and Danny Hong Agency

세상엔

역사와 문화가 보이는
서양 건축 여행

알고 싶은

건축물이

너무도 많아

스기모토 다쓰히코
나가오키 미쓰루
가부라기 다카노리
이토 마리코
가타오카 나나코
나카야마 시게노부 글

고시이 다카시 그림

노경아 옮김

어크로스

저자의 말

이집트의 피라미드, 아테네의 파르테논 신전, 로마의 콜로세움, 바티칸의 산피에트로 대성당 등 심오한 가치를 지녀 인류의 보물로 불리는 세계 유산, 압도적인 웅장함과 규모를 자랑하는 건조물, 호화롭고 눈부시게 장식된 건물, 새롭고 고유한 특징을 보여 주는 시설들이 우리가 사는 세상에는 셀 수 없이 많습니다. 나라와 지역에 따라 그 특색도 다양하여, 아무리 보아도 질리지 않습니다.

이런저런 방법으로 우리를 즐겁게 만드는 세계의 건축물은 어떤 과정을 거쳐 지금의 우리와 만나게 되었을까요?

'여행지에서 본 건축물을 더 자세히 알고 싶어.'

'이 용어는 무슨 뜻일까?'

이런 궁금증에 건축에 관한 책을 펼쳤다가, 즐비한 전문용어와 빽빽한 글씨에 놀라 책장을 덮어 버린 적은 없습니까? 그때부터 '건축은 어렵고 잘 모르겠다'라고 생각하게 되지는 않았나요?

전문용어가 많이 나오고 딱딱한 도면으로 가득 찬 건축 책은 재미가 없습니다. 특히 낯선 용어가 여기저기 등장하면 금세 지루하고 버거워

4

지기 마련입니다. 게다가 건축물이 지어진 배경과 이유를 모르고 넘어가면 제대로 안다고 말할 수 없는 상태가 계속됩니다.

건축은 생각보다 무척 재미있는 분야입니다. 하지만 모처럼 흥미를 느꼈는데도 알아가는 과정에서 어려움을 느끼고 포기하는 사람들을 보며 매우 안타까웠습니다. 그래서 더 많은 사람에게 건축의 즐거움을 전하고 싶다는 생각으로 이 책을 쓰게 되었습니다.

건축과 건축물은

'누가 어떤 목적으로 만들었는가?'

'어떤 시대에 만들어졌는가?'

'어떤 곳에 만들어졌는가?'

'이전과는 무엇이 다른가?'

'어떤 점이 대단한가?'

를 이해하면 훨씬 재미있어집니다.

그래서 이 책에서는 세계의 유명 건축물이 만들어진 이유와 배경을 설명하는 동시에, 친절하고 쉬운 말투와 부드러운 느낌의 일러스트로 독자의 이해와 상상을 도울 것입니다. 건축 용어도 이해하기 쉽게 정리했습니다. 이것이 이 책의 최대 장점입니다.

무엇이든 줄거리를 파악하면 쉽게 이해되고 기억에 오래 남는 법입니다. 그래서 줄거리가 이어지도록 내용을 앞뒤로 최대한 연결함으로써 독자들이 고대부터 현대에 이르는 서양 건축의 역사를 하나의 흐름으로 파악할 수 있도록 했습니다.

또한 부록으로 서양사 연표를 덧붙여, 시대별 특징과 주요 사건을 정리하고 거기에 영향을 미친 인물 등을 소개함으로써 건축물이 지어진 배경을 쉽게 체계적으로 이해할 수 있도록 했습니다. 건축 양식이 만들어진 시기도 표기하였으므로 건축물이 시대, 역사와 어떤 관계가 있는지도 파악할 수 있습니다. 더불어 세계 유산을 비롯한 주요 건축물의 위치가 표시된 세계 지도도 실었습니다. 앞으로 여행 계획을 세우는 데에도 도움이 될 것입니다.

우리 조상인 호모 사피엔스는 20만 년 전 아프리카에 등상한 뒤 너 살기 좋은 곳을 찾아 전 세계로 퍼져 나갔습니다. 인류와 함께 시작된 건축도 유구한 세월을 거치며 시대의 요구에 부응하기 위해 계속 진화해 왔습니다. 건축가들은 다양한 사건의 영향을 받고 시대와 권력자의 요구에 휘둘리면서도 창의적 발명과 기술 혁신을 거듭하며 새로운 건축물을 만들어 왔습니다.

건축은 역사를 비추는 거울이며 인류의 지혜와 노력의 열매입니다. 그뿐만 아니라 건축은 사회 문제를 해결하는 데 한 역할을 담당하고, 미래를 개척하는 지적 활동으로서 새로운 문화의 원동력이 되고 있습니다.

우리가 동네에서, 미디어에서, 여행지에서 만나는 다양한 건물들은 보이지 않는 끈으로 서로 이어져 인류가 구축한 장대한 건축 이야기의 한 장을 이룹니다. 건물을 직접 보았을 때 용어를 이해할 뿐만 아니라 건물의 배경과 특징, 장점, 건물과 세계의 관계까지 상상할 수 있다면 얼마나 멋질까요?

여러분이 이 책을 읽고 전에는 보지 못했던 건물의 새로운 모습을 보고 전에는 듣지 못했던 건물의 목소리를 듣는다면 저자로서 무척 행복할 것입니다. 여러분이 가족과 친구, 또는 SNS에서 건축에 대한 이야기

꽃을 피웠으면 좋겠습니다. 나라 간의 경계가 점점 희미해지는 글로벌 시대에 사는 여러분이 세계 건축에 관한 교양을 익히는 데 이 책이 분명 도움이 될 것입니다. 이 책이 '건축의 즐거움은 무엇인가?'라는 질문에 대한 하나의 답이 되기를 간절히 바랍니다.

여행이란 원래 '이동'이지만, 이렇게 책으로 건축을 접하면 이동하지 않고도 여행을 떠날 수 있습니다. 그러면 지금부터, 아름답고 우아하며 매력적인 서양 건축물들을 순례하는 여행을 떠나 볼까요?

이 책을 통해 여러분의 인생이 더욱 즐겁고 풍요로워지기를 기원합니다.

대표 저자

스기모토 다쓰히코

차례

1부

고대

01 역사상 가장 오래된 건축의 미스터리

기자의 3대 피라미드(B.C. 2500경)

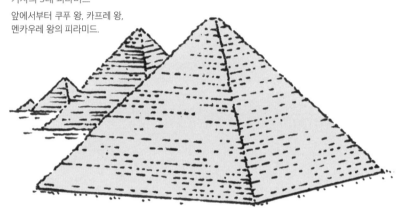

기자의 3대 피라미드
앞에서부터 쿠푸 왕, 카프레 왕,
멘카우레 왕의 피라미드.

건축은 아마도 '쌓기'에서부터 시작되었을 것입니다. 그러나 완성 후 4500년이 넘은 지금까지도 '어떻게 쌓았는지 알 수 없는 건축물'이 있습니다.

바로 '인류의 보물'로 불리는 피라미드입니다.

피라미드는 북쪽으로는 이집트 카이로 북부에서 남쪽으로는 수단까지, 나일강을 따라 약 1500킬로미터가 넘는 넓은 지역에 흩어져 있는 건축물로, 대략 3000년에 걸쳐 300기 이상 지어졌습니다.

나도 쌓을 수 있어!

피라미드에는 많은 수수께끼와
속설이 얽혀 있는데, 진실인지 거짓
인지 알 수 없는 것들이 많았습니다.
그러나 과학 기술이 발달하고 상세
한 조사와 연구가 이루어진 덕분에
이제는 많은 사실이 밝혀졌습니다.
여기서는 세계에서 규모가 가장 큰
쿠푸 왕의 피라미드를 살펴볼 것입니다.

호잇

그럴 리가
없잖아…

피라미드의 돌, 공중에 띄워서 날랐다고?

　　피라미드에 관해 가장 널리 알려진 속설 중 하나는, 나일강을 사이에
두고 해가 뜨는 동쪽에는 피라미드를 짓는 사람들의 마을이 있었고 서
쪽에는 피라미드만 있었다는 것입니다. 그래서 '피라미드의 석재를 일
부러 동쪽에서 가져오게 하려고 동쪽에 마을을 조성했다'라는 추측이
나왔습니다.

　　또 한때는 쿠푸 왕이 백성에게 강제 노역을 시켰다는 이야기도 있었
습니다. 기원전 5세기경, 그리스인 헤로도토스가 '쿠푸는 극악무도한
왕으로, 사람들을 노예처럼 부려 강제 노역을 시켰다'라고 기록했기 때

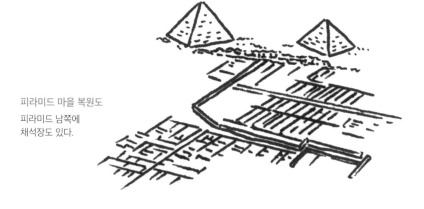

피라미드 마을 복원도
피라미드 남쪽에
채석장도 있다.

맥주 고기

고대 이집트인

문입니다. 그러나 1989년 발굴 조사로 피라미드 근처에서 피라미드 마을이 발견된 후 사람들의 인식이 바뀌었습니다.

마을에는 노동자가 살았던 숙소와 공방, 저장고, 물품 관리소, 관리들이 살았던 저택 등의 흔적이 남아 있습니다. 그리고 이곳 묘지의 벽화를 보면 사람들이 빵과 맥주, 고기, 채소를 먹었다는 사실을 알 수 있습니다. 여기에서 나온 유물과 상형문자는 마을 사람들이 노예처럼 착취당한 것이 아니라 만족하며 일했음을 보여 줍니다.

무엇보다도 피라미드의 가장 큰 수수께끼는 '무거운 석재를 피라미드 위까지 어떻게 옮겼을까?' 하는 것입니다. 그 답으로 네 가지의 유력한 가설이 제기되었습니다(19쪽 참조).

모든 가설의 전제는 '미래의 도구를 쓸 수 없다'는 것입니다. 예를 들어 도르래를 쓰면 석재를 쉽게 나를 수 있었겠지만 고대 이집트 시대는 도르래가 발명되기 전입니다. 이처럼 조사를 통해 사실을 모으다 보면 진실을 조금씩 밝힐 수 있을 것입니다.

한때 피라미드가 무덤이 아니라는 이야기도 있었습니다. 그러나 왕의 피라미드에서는 미라가 여럿 발굴되었습니다. 미라가 안치되었던 방에서는 매장에 필요한 석관과 항아리, 황금 제품 등이 출토되었고, 부조나 비문

도르래 장치는 고대 이집트 시대에는 아직 없었다. 무거운 돌을 쉽게 나를 수 있지만, 도르래를 쓰려면 그리스 시대까지 기다려야 한다.

피라미드 건설에 관한 4가지 가설

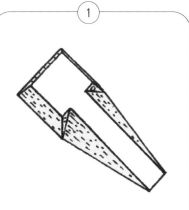

①

②

직선 경사로 설

유적이 여러 곳에서 발견된 것을 생각하면 가장 유력한 가설이지만 막대한 건축 자재와 어마어마한 노동력이 필요한 방식이다.

나선 경사로 설

직선 경사로로 석재를 쉽게 운반하려면 길의 각도가 10도 이하여야 하는데, 그럴 경우 경사로의 길이가 840미터로 너무 길어진다. 그래서 피라미드 외부를 경사로로 둘러싸는 '나선 경사로 설'이 제기되었다.

③

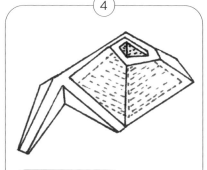

④

지그재그 경사로 설

이 방법을 쓰면 필요한 건축 자재의 양이 대폭 줄어들고 구조적인 안정감도 생긴다.

직선 + 나선 경사로 설

피라미드 남쪽의 채석장에서 발견된 경사로 유적에서 착안한 가설. 유적에 있는 석재의 부피는 약 276만 제곱미터로, 쿠푸 왕의 피라미드에 쓰인 석재의 부피인 265만 제곱미터와 거의 일치한다.

등에서는 제사에 쓰였던 글이 발견되었습니다. '피라미드 공공사업설'이 너무 널리 퍼져서 피라미드가 만들어진 목적을 공공사업으로 착각한 사람이 많기 때문에 이런 속설이 생겨난 것으로 보입니다.

지금도 조사와 연구가 계속 진행되는 덕분에, 최근 몇 년 사이에 이집트에서 가장 오래된 문서인 쿠푸 왕 시대의 파피루스 일기와 쿠푸 왕 피라미드 내부의 거대한 공간이 발견되기도 했습니다.

피라미드가 어떻게 지어졌는지는 아직 명확히 밝혀지지 않았습니다. 그러나 역사적인 건축물은 사실과 가설이 뒤섞여 있을 때 흥미로운 법입니다. 아무도 찾지 못한 답을 찾아 나갈 수 있다는 것 역시 역사적 건축 연구의 매력입니다.

바벨탑은 진짜로 있었을까?

우르의 지구라트(B.C. 2100경)

바벨탑
화가 피터르 브뤼헐은 작품 〈바벨탑〉(1563)을 통해 자신의 힘을 과신하는 인간의 교만에 경종을 울렸다.

　인류는 왜, 그리고 어떻게 건축물을 짓기 시작했을까요? 인류의 선조는 지금으로부터 대략 700만 년 전에 탄생했으며, 우리의 직접적 선조인 호모 사피엔스는 약 20만 년 전에 등장했습니다. 그리고 약 1만 년 전 메소포타미아에서 최초의 농경이 이루어졌습니다. 그 결과 약 6000년 전에 4대 문명 중 하나인 메소포타미아 문명이 탄생했습니다.

　'농경이 이루어졌다'라는 말은 사람이 정착해 살기 위한 주거, 즉 건물이 필요해졌다는 뜻입니다. 소중한 식량을 저장할 창고도 필요했을

오래 살아야 하니
집을 제대로 짓고 싶어.

집은 대충 짓지 뭐.
어차피 떠날 테니.

수렵 이주형 ←——————→ 농경 정착형

것입니다. 그래서 메소포타미아 북부의 하수나(Hassuna)에 있는 주거 유적도 무려 기원전 6000년 전에 만들어졌습니다.

곡식이 잘 자라려면 기후가 좋아야 했습니다. 또 전염병 등 인간의 힘으로는 어쩔 수 없는 사정도 많았습니다. 그래서 기원전 2700년경에 도시 국가를 세운 수메르인(메소포타미아에 살며 세계에서 가장 오래된 문자를 만들었다고 여겨지는 사람들)은 크고 훌륭한 제사 시설을 지어 신에게 기도했습니다. 그런데 여기에 중요한 점이 있습니다. 이 제사 시설, 즉 지구라트가 쉽게 구할 수 있는 자연 소재로 지어졌다는 것입니다.

여기서 말하는 자연 소재란 흙(진흙)입니다. 흙을 물에 반죽하여 햇빛에 말리면 흙벽돌이 됩니다.

코벨 아치[2]

흙벽돌의 형상과 특성을 살린 '아치'[1]라는 구조도 이 무렵에 발명되었습니다. 소재의 특성에 따라 건축 재료와 구조, 공법이 정해진 것입니다.

이 흙벽돌을 쌓아 만든 거대한 인공산이 우르의 지구라트입니다.

우르의 지구라트는 그 지역의 주요한

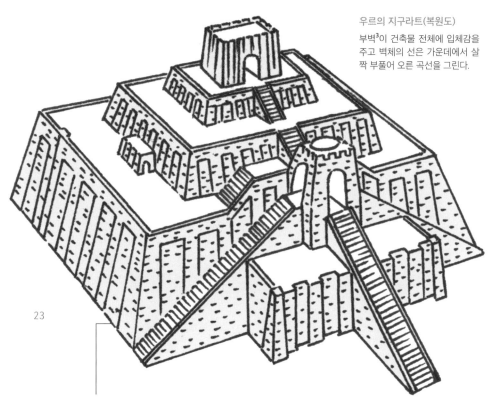

우르의 지구라트(복원도)
부벽[3]이 건축물 전체에 입체감을 주고 벽체의 선은 가운데에서 살짝 부풀어 오른 곡선을 그린다.

바닥 면적 62.5×43미터, 위로 갈수록 벽면이 후퇴하는 것이 특징.

신인 난나(달의 신)를 받드는 신전의 탑이었습니다. '지구라트'는 높은 곳을 뜻합니다. 즉 '우르에 건설된 높은 탑'이라는 뜻이지요. 유감스럽게도 지금은 기단만 남아 있고 상층부는 사라졌지만, 당시 사람들은 평원 저편에서도 보일 만큼 높이 솟은 탑을 우러러보며 신의 위엄에 압도당했을 것입니다.

그런데 지구라트는 성경과 불가사의하게 얽혀 있습니다.

구약성경의 '노아의 방주'가 등장하는 부분에는 신이 악한 인간에

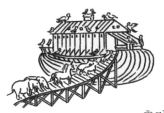

노아의 방주

게 노하여 홍수를 일으켰다는 기록이 있습니다. 한편 메소포타미아의 신화 〈길가메시 서사시〉에도 같은 내용이 나오며, 실제로 지구라트에도 홍수의 흔적이 남아 있습니다.

홍수가 끝나고 시간이 한참 흐른 뒤 인간이 또다시 거대한 탑을 쌓기 시삭하사 신은 또 한 빈 노했습니다. 그래서 인간이 제멋대로 탑을 짓지 못하도록 제각각 다른 언어를 쓰게 만들어, 사방으로 흩어지게 해 탑의 건설을 중단시켰다고 성경은 기록합니다.

그러나 실제로 탑은 완성되었습니다. 그것이 바로 '바빌론의 지구라트', 즉 바벨탑입니다.

'신이 노했다더니 아무 일도 없었네'라고 생각할지 모르지만, 메소포타미아 문명(도시)도 결국 얼마 못 가 무너졌습니다. 메소포타미아는 땅이 비옥하고 평탄하여 농경이 발달한 덕분에 많은 사람이 모여들어 도시와 지구라트 같은 기념 건축물을 일찍부터 지었습니다.

그러나 이런 풍요가 오히려 해가 되었습니다. 다양한 민족이 뒤섞이면서 패권을 둘러싼 싸움이 끊이지 않았던 것입니다.

성경의 차이?

아주 간단히 말하자면 구약성경은 예수 그리스도가 '태어나기 전'의 이야기이고 신약성경은 예수가 '태어난 후'의 이야기입니다.

B.C.
Before Christ

A.D.
Anno Domini[4]

이처럼 인류는 한 나라가 번영하다가 점점 권력 투쟁이 심해지고 자원이 고갈되면 멸망하는 역사를 반복해 왔습니다. 그 역사를 상징하는 바벨탑을 떠올리며, 어떻게 해야 사람과 자연이 지속 가능한 관계를 맺으며 공존할 수 있을지 새삼 생각해 봅니다.

---

1   '홍예'라고도 불린다. 문의 윗부분을 무지개 모양으로 둥글게 만든 문이나 다리를 가리킨다.

2   corbel arch. 아치의 준비 단계. '불완전한 아치' 또는 '유사 아치'로 통한다. 부재를 조금씩 비스듬히 쌓아 올리다가 위에서 한 덩어리로 이어지도록 함으로써 윗부분의 하중을 견디도록 만든 구조. 나중에는 본문의 그림과 같이 비스듬히 쌓은 돌의 안쪽으로 튀어나온 부분을 매끈하게 잘라 내 안정성을 더했다. 그럼에도 하중이 효과적으로 분산되지 않아 외력에 쉽게 무너졌으므로 완전한 아치로는 볼 수 없다. 완전한 아치는 훨씬 후에 등장한다.

3   건축물을 외부에서 지탱하는 장치 또는 벽. 공벽(控壁), 버트레스라고도 한다.

4   '주의 해(Year of our Lord)'를 뜻하는 라틴어.

03	이집트 신전에서 가장 중요하게 여긴 것	피라미드 아몬 세티 1세 람세스 2세

카르나크의 아몬 대신전 내 다주실(B.C. 1303~B.C. 1224)
콘스 신전(아몬 대신전의 신성 구역, B.C. 1166~B.C. 1004경)

카르나크 아몬 대신전의 다주실
부피가 어마어마한 기둥들이 늘어서
있어 장중한 분위기다.

파피루스의 꽃과 봉오리,
대추야자 잎을 새겨 넣고,
몸통에는 띠를 둘렀습니다.

기둥의 조각

3000년에 걸친 고대 이집트의 위대한 역사에서도 문명이 가장 화려하게 꽃핀 때가 B.C. 15세기경 신왕국 시대였습니다. 이 시대에는 피라미드 못지않게 중요한 건축물인 이집트 신전이 잇따라 세워졌습니다. 그 신전들에는 어떤 특징이 있을까요?

우선 석조 기둥과 들보 구조가 등장했습니다.

다만, 모든 것이 아직 돌이나 벽돌을 쌓아 만든 벽 구조의 연장이었으므로 기둥과 들보도 하나의 면으로 이어져 있었습니다. 이때의 기둥들은 돌 지붕의 무게를 견디기 위해 매우 촘촘하게 배열되어 있는 것이 특징입니다.

시간이 흐르면서 기둥과 들보는 점점 세련되어졌지만 아직은 부분별 분할이 거의 이루어지지 않았습니다. 따라서 콘스 신전의 기둥은 기둥머리가 들보와 하나의 면으로 이어져 있으며, 내부 기둥만 둥근 기둥머리가 들보에 접해 있습니다. 석조 기둥과 들보가 여러 부재[1]로 분할되어 전체적으로 아름답게 조화를 이루려면 그리스 신전의 '오더'가 탄생할 때까지 기다려야 합니다(05·06 참조). 이집트인은 이처럼 기둥을 여러 부분으로 나누지는 못했지만 장식에는 온 힘을 쏟았습니다.

고대 이집트 신전의 가장 큰 특징은 기도 공간이 하나의 선을 따라 설계되었다는 것입니다.

콘스 신전의 기둥과 들보
부재 하나하나가 큼직해서 중후한 인상을 준다.

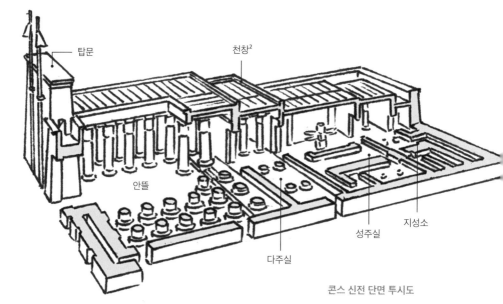

탑문

천창²

안뜰

다주실

성주실

지성소

콘스 신전 단면 투시도

콘스 신전의 단면을 봅시다. 스핑크스가 있는 참배로에서부터 탑문 (파일론), 안뜰, 다주실(多柱室), 성주실³, 지성소(至聖所)가 하나의 선을 따라 질서정연하게 배열되어 있습니다. 바닥 높이는 안으로 갈수록 높아지고, 천장 높이는 안으로 갈수록 낮아집니다. 이처럼 공간이 커졌다 작아지고 밝아졌다 어두워지기를 반복하면서 사람을 하나의 선을 따라 유도하는 구조입니다. 또, 나중에 소개할 그리스 신전이 명쾌한 구조인 반면, 이집트 신전은 미궁 속을 나아가는 축선⁴과 깊이감에 그 큰 특징이 있습니다.

고대 이집트 건축물을 살펴보면 확실한 공통점을 발견하게 됩니다. 이집트인이 건축물을 지을 때 전체에서든 세부에서든 항상 방위(방향)를 중시했다는 것입니다.

기자의 3대 피라미드는 네 변이 정확히 동서남북을 향하고 있습니다. 또, 쿠푸 왕, 카프레 왕 피라미드의 남동쪽 모서리를 연결한 선을 쭉 늘이면 태양신 사상의 발상지인 헬리오폴리스, 그중에서도 중심에 위치한 오벨리스크의 중심 부근을 관통합니다.

고대 이집트인은 이처럼 하나의 선으로 중요한 지점을 연결함으로써 신과의 연결을 꾀했던 것입니다.

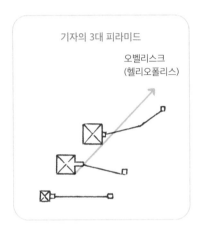

기자의 3대 피라미드

오벨리스크
(헬리오폴리스)

카르나크 신전의 오벨리스크
(태양신을 상징하는 기둥)
현재 유럽에 있는 오벨리스크
들은 원래 고대 이집트에 있던
것이다.

---

1 구조물의 뼈대를 이루는 데 중요한 요소가 되는 여러 재료.
2 천장에 낸 창.
3 聖舟室. 성행렬 때 신이 탈 배를 넣어 둔 방.
4 건물 구성의 중심이 되는 선.

| 1년에 단 두 번만 햇빛이
허락된 신전

아부심벨 신전(B.C. 1250경)

아부심벨 신전
대신전과 소신전으로 구성된다.

대신전

소신전

아부심벨 신전은 수단의 국경에 가까운 이집트 남부의 아부심벨에
있습니다. 여기서 필레에 이르는 나일강 유역의 고대 이집트 유적을
'누비아 유적'이라고 합니다.

아부심벨 신전은 사암(모래가 뭉쳐서 굳어진 퇴적암)
으로 된 바위산을 파서 만든 암굴 신전으로, 대신전
과 소신전으로 나뉩니다. 대신전에 있는 네 개의 조
각상은 카르나크 신전(03 참조)을 지은 신왕국의 파
라오(왕) 람세스 2세를 본뜬 것입니다. 하토르 여신
과 왕비 네페르타리에게 바쳐진 소신전에는 람세

사암으로 이루어진
바위산을 파서 만든
암굴신전입니다.

스 2세의 조각상 넷, 네페르타리의 조각상 둘이 번갈아 서 있습니다.

대신전의 조각상 넷은 전부 람세스 2세를 본뜬 것입니다. 그중, 마주보았을 때 왼쪽에서 두 번째는 신전 완성 후 지진이 일어난 탓에 머리가 떨어져 바닥에 굴러다니고 있습니다. 조각상 발밑의 받침대에는 람세스 2세 가족의 모습이 새겨져 있습니다.

놀랍게도 대신전은 람세스 2세가 태어난 날(2월 22일)과 왕으로 즉위한 날(10월 22일)에만 제일 안쪽까지 햇빛이 닿아, 네 조각상 중 어둠과 죽음을 관장하는 신인 '프타'를 제외한 세 조각상을 환하게 비추도록 설계되어 있습니다. 그러나 유감스럽게도 신전이 이동한 후 날짜가 어긋나 버렸습니다.

신전은 왜 이동했을까요?

대신전은 태양신 라
(람세스 2세)의 신전

소신전은 하토르
여신의 신전

람세스　네페르타리　람세스

신전의 입구에서 제일 안쪽의
조각상까지가 약 47미터.
아침 해가 뜨면 일직선상에
있는 조각상에 밝은 빛이
비춥니다.

이동시키기 위해
블록으로 절단했다.

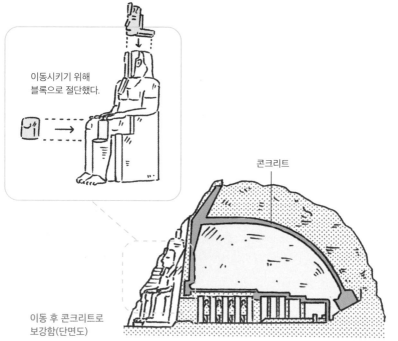

콘크리트

이동 후 콘크리트로
보강함(단면도)

나일강에 아스완하이댐이 건설되면서 아부심벨 신전은 수몰될 위기에 처했습니다. 그때 유네스코가 세계 각국에 귀중한 유적을 보존하자고 호소한 끝에, 댐 건설로 생겨날 나세르호 부근으로 신전을 이동하는 작업이 1963년부터 5년에 걸쳐 진행되었습니다.

새로운 장소는 원래 장소보다 60미터 정도 높고 나일강에서 약 210미터 떨어져 있습니다.

신전 뒤쪽의 약간 높은 언덕은 현대 기술이 만든 콘크리트 돔으로 지탱되고 있습니다. 신전은 이동을 위해 무려 1036개의 블록으로 절단되었고, 크레인과 트럭이 각각 20톤 이하로 잘린 이 거대한 입체 블록들을 운반했습니다. 이 일을 계기로 세계의 역사적 유적과 자연을 보호하기 위한 '세계유산협약'이 제정되었으며, 유네스코가 그에 적합한 '세계 유산'을 선정하여 발표하게 되었습니다.

05	그리스 신전에서 눈여겨봐야 할 것	이집트 신전
		오더
		익티노스
		칼리크라테스

파르테논 신전(B.C. 447~B.C. 432)

파르테논 신전

34

파르테논 신전의
외부 기둥은 도리스식

　여러분은 주택 등의 건물을 보며 아름답다고 느낀 적이 있나요?

　지금으로부터 약 3000년 전에 살았던 고대 그리스인들에게 아름다운 건물이란 시간, 노력과 지식을 총동원해 추구할 만한 가치가 있는 대상이었습니다. 그중에서도 고대 그리스의 건축가 익티노스와 칼리크라테스가 설계한 파르테논 신전은 아테네의 수호신인 아테나 여신을 모신 매우 중요한 곳으로 여겨졌습니다.

파르테논 신전은 원래 목조였던 그리스 신전이 어떻게 석조로 바뀌어 가는지를 파악하는 데에도 큰 도움이 됩니다.

그리스 신전에서 가장 중요한 건축 요소는 '오더'입니다. 오더란 기둥을 포함하여 '바닥에서 처마에 이르는 일련의 건축 양식'을 말합니다.

그리스의 오더는 도리스식, 코린트식, 이오니아식으로 나뉩니다(06 참조).

또, 고대 그리스의 건축가들은 오더를 기초로 모듈러스(표준)라는 단위 길이를 만들었습니다. 이런 비례 관계에 따라 건물 전체를 짓는 방식을 심메트리아(06 참조)라고 합니다. 이것은 부재의 크기에 기초해 '건물 전체에 질서를 부여하는' 방식입니다.

이 오더, 모듈러스, 심메트리아로 이루어진 그리스 신전 건축의 최고봉이 **궁극의 건축미를 보여 주는 파르테논 신전입니다.**

파르테논 신전은 기둥의 지름과 비례, 기둥 높이와 들보 높이의 비례가 절묘합니다. 원기둥의 간격이 각각 미세하게 다르지만, 이것은 간격이 완벽히 똑같아지면 건물의 인상이 딱딱하고 차가워진다고 하여 일부러 차이를 두었기 때문입니다. 여기에서 이 건축물의 위대함을 새삼 느낄 수 있습니다.

비례에 맞추어 짓되, 마지막에는 사람의 눈에 아름다워 보이도록 보정한 것도 대단합니다. '보정'이란 간단히 설명하면 '긴 수평 부재가 완전히 수평일 때 사람의 눈에는 그 중앙부가 살

귀한 신전을
아름답게 보여 주려면
어떻게 해야 할까?

질서정연한 비례와
장식을 적용하는 게
좋겠지!

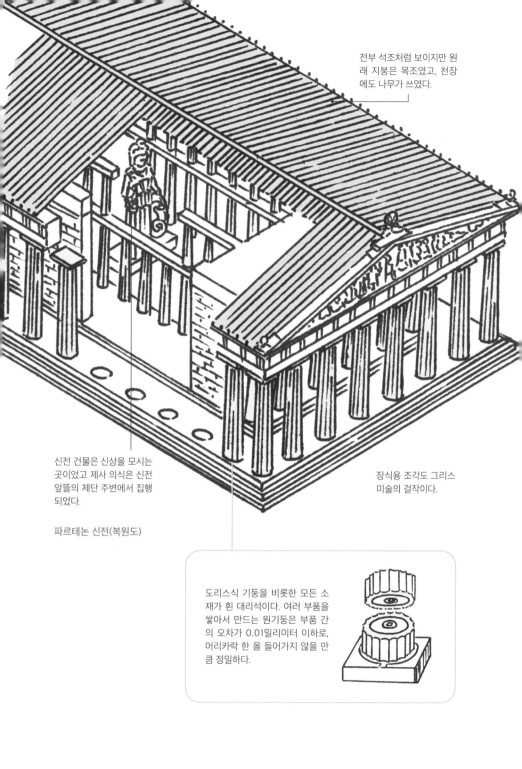

전부 석조처럼 보이지만 원래 지붕은 목조였고, 천장에도 나무가 쓰였다.

신전 건물은 신상을 모시는 곳이었고 제사 의식은 신전 앞뜰의 제단 주변에서 집행되었다.

파르테논 신전(복원도)

장식용 조각도 그리스 미술의 걸작이다.

도리스식 기둥을 비롯한 모든 소재가 흰 대리석이다. 여러 부품을 쌓아서 만드는 원기둥은 부품 간의 오차가 0.01밀리미터 이하로, 머리카락 한 올 들어가지 않을 만큼 정밀하다.

짝 처진 듯 보인다'라는 이유로 일부러 한가운데를 봉긋하게 부풀리는 방식을 말합니다. 기둥에도 똑같은 방식이 쓰였습니다.

'보정'을 과장되게 표현한 그림

이처럼 그리스인들은 오더를 발명하여 적용하고 건물 전체가 아름다워 보이도록 노력했습니다. 즉 그리스 신전의 본질은 오더의 미학에서 나온 궁극의 조화와 비례에 있다고 할 수 있습니다.

한편 석조 기둥과 들보를 활용한 구조는 이집트 신전에서 이어받은 것이었습니다. 건축은 이처럼 다른 양식과 서로 영향을 주고받으며 진화합니다. 즉 건축이란, 그야말로 역사를 배움으로써 미래를 예측할 수 있는 '온고지신'의 분야입니다.

그러면 지금부터는 다음의 로마 시대에 건축이 어떻게 변화하는지 살펴봅시다.

06	도리스식, 이오니아식, 코린트식의 차이	이집트 신전 돔 오더 르네상스 심메트리아

파에스툼[1]의 포세이돈 신전(B.C. 460경)

파에스툼의 포세이돈 신전

그리스 신전에 쓰인 오더의 각부 명칭과 특징, 그리고 평면 계획의 핵심인 심메트리아에 대해 자세히 알아봅시다.

우선 오더의 종류는 기둥머리를 보면 쉽게 구분할 수 있습니다. 고대 그리스의 오더는 도리스식, 이오니아식, 코린트식의 세 종류로 나눌 수 있습니다.

오더는 종류에 따라 느낌이 제각각입니다. 따라서 어떤 오더를 사용하느냐에 따라 건물 전체의 인상이 크게 달라집니다.

◆ 기둥 지름이 같다고 가정했을 때 각 오더의 비례

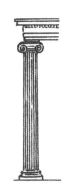

① 도리스식

사발 모양의 부재 위에 정사각형 판을 올린 단순한 형태. 기둥은 두껍고 묵직하며 소박하고 엄격해 보인다.

② 이오니아식

기둥머리 양옆에 소용돌이가 있다. 도리스식보다 홀쭉하고 경쾌한 느낌이다.

③ 코린트식

아칸서스 잎을 본뜬 장식이 기둥머리를 화려하게 장식한다. 세 가지 중 가장 가늘고 우아한 느낌이다.

오더 각부의 명칭 대부분이 로마, 로마네스크, 고딕, 그리고 이후로도 계승되니 지금 잘 기억해 두면 좋을 것입니다.

포세이돈

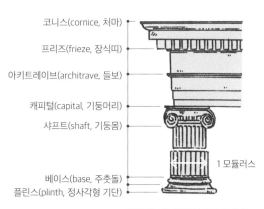

코니스(cornice, 처마)
프리즈(frieze, 장식띠)
아키트레이브(architrave, 들보)
캐피털(capital, 기둥머리)
샤프트(shaft, 기둥몸)
1 모듈러스
베이스(base, 주춧돌)
플린스(plinth, 정사각형 기단)

모듈러스를 적용한 오더의 구성

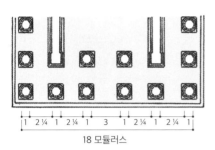

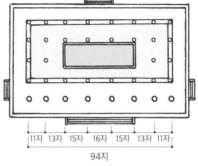

| 1 | 2 ¼ | 1 | 2 ¼ | 1 | 3 | 1 | 2 ¼ | 1 | 2 ¼ | 1 |

18 모듈러스

그리스 신전의 평면 계획

| 11자 | 13자 | 15자 | 16자 | 15자 | 13자 | 11자 |

94지

일본 도쇼다이지(唐招提寺)의 기둥심 간격 계획

다음은 심메트리아입니다.

기둥 지름을 1 모듈러스로 간주하여 기둥 간격도 그 값의 배수, 또는 간단한 분수로 구성하는 것이 심메트리아의 기본입니다.

한편 당시 일본에서는 건물 구조가 기둥심 간격을 기준으로 구성되었으며 단위로는 '자(尺)'가 쓰였습니다.

기둥 지름으로 설계하느냐, 기둥심 간격²으로 설계하느냐의 차이가 있긴 하지만, 각 부재의 상세한 치수를 결정하는 방식은 비슷합니다. 그리스 건축에서 각 기둥의 지름에 따라 오더 각 부재의 치수가 달라졌던 것처럼, 일본 목조 건축에서도 기둥심 간격에 따라 각 부재의 단면이 결정되었습니다.

또, 건물 규모가 커질수록 상대적으로 높이를 낮춰서 균형을 맞추는 기법도 쓰였습니다. 그리스든 일본이든 단순한 비례만으로 건물을 짓지 않고 미세한 조정을 거듭하면서 부분과 부분을 조화시키는 기술과 지혜를 발휘했던 것입니다.

그리스는 돌, 일본은 나무로 소재는 달랐지만, 하나의 기준을 만들어

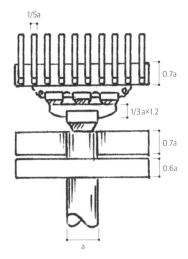

1/5a

0.7a

1/3a×1.2

0.7a

0.6a

a

일본 목조 부재 치수의 예
기둥 지름을 기준으로 각 부재의 치수를
결정한다.

각 부분에 비례를 적용하고 전체적인 균형을 맞춤으로써 아름다움을 추구했다는 점에서는 동서양이 동일합니다. 또, 숫자적 완전성보다 사람이 '아름답다'라고 느끼는 감각을 중시했다는 공통점도 있습니다. 정말 재미있지 않나요? 그 후로도 사람의 감각에 호소하는 건축물은 계속 등장합니다.

---

1 여러 유적이 남아 있는 그리스의 고대 도시로, 현재는 이탈리아 캄파니아주에 속해 있다. 포세이돈 신전, 헤라 신전, 아테나 신전, 포룸, 성벽, 성문 등이 발굴되었다.
2 기둥의 중심과 옆 기둥의 중심 사이의 거리.

종교 건축물이 아름답게 발달한 이유

에레크테이온(B.C. 421~B.C. 405)

에레크테이온(신상을 본뜬 기둥)[1]

메소포타미아의 신상

종교는 자연의 혜택, 혹은 두려움 등 사람의 인지를 뛰어넘은 보이지 않는 힘에 대한 기도에서 시작되었습니다. 사람들은 자신이 기도를 바치는 대상을 신으로 숭배했습니다.

그렇다면 종교 건물은 언제부터 존재했을까요?

태곳적부터 사람들은 큰 나무나 돌, 산, 호수 등을 신의 힘이 깃드는 곳으로 숭배했고 그 주변에 기도를 위한 장소를 마련했습니다. 그러다 메소포타미아 시대가 되자 인격을 가진 영적 존재인 신상을 만들었고 지구라트 같은 제사 시설을 만들기도 했습니다. 기도를 하기 위한 건물을 지은 것입니다.

개의 모습을 띤 이집트 신 세트 신상

고대 이집트인은 마을마다 땅을 지키는 신이 있는 다신교를 믿었습니다. 이집트에는 그 외에도 태양신 '라'를 비롯하여 동물의 모습을 띤 신이 무수히 존재했습니다. 이 신들을 모신 신전에는 지붕이 덮였고, 방위나 기도 동선을 고려한 축선이 적용되었습니다.

한편 고대 그리스인은 그리스 신화에 등장하는 제우스, 포세이돈, 헤라클레스 등의 신을 숭배했습니다. 신전은 이 신들의 신상을 모시는 곳이었고, 사람은 안에 들어갈 수 없었습니다. 그래서인지 그리스 신전에서는 외관이 중시되어 오더와 비례가 특히 발달했습니다.

판테온의 니치[2] 안에는 신상이 있었을 것으로 여겨진다.

재미있는 점은, 고대 로마인들도 고대 그리스 신들을 숭배했다는 사실입니다. 이 시대에는 이처럼 고대 그리스 신을 비롯한 다양한 신들이 서로 싸우지 않고 공존했습니다.

고대 로마의 신전은 고대 그리스의 건축미를 살리면서 예술적인 내부 공간을 갖춘 것이 특징입니다. 기독교 건축의 바탕이 된 바실리카 양식과 돔 지붕도 이 시대에 탄생했습니다.

기독교 건축의 역사를 설명하기 전에 예루살렘을 성지로 삼은 세 일신교(신은 하나뿐이라고 믿는 종교)를 먼저 소개하겠습니다. 세 일신교란, 여러분도 잘 아는 유대교, 기독교, 이슬람교입니다.

유대 민족을 상징하는 육각별

첫 번째 종교인 유대교는 세 종교의 원조이자 기독교의 뿌리입니다. 구약성경도 유대인의 역사를 기록한 책이므로 유대교는 유대인의 민족 종교라 할 수 있습니다.

유대교인은 회당, 즉 '시나고그'에서 기도했습니다. 유대교는 우상숭배(눈에 보이는 사물에 기도하는 행위)를 금지하므로 시나고그에는 장식과 상징이 많이 쓰였습니다.

44

두 번째 종교인 기독교는 3세기 이후에 전무후무한 기세로 확산된 종교로, 예수 그리스도 사후에 그 제자들이 본격적으로 전파하기 시작했습니다. 기독교는 일신교인 유대교의 교리를 이어받아 예수 그리스도를 유일한 신으로 숭배합니다. 기독교의 경전은 구약성경, 그리고 예수의 제자들(레오나르도 다 빈치의 그림 〈최후의 만찬〉에 그려진 사람들)이 기록한 신약성경입니다.

원래 기독교에서도 우상 숭배를 엄격히 금지했지만 이 원칙은 그리 오래 지켜지지 않았습니다.

최후의 만찬

기독교에서는 '다양한 민족에게 가르침을 전파하는 것'을 최고의 덕으로 여겼는데, 그러기 위해서는 그림과 조각을 활용하는 것이 가장 효율적이었기 때문입니다(문맹이어도 그림과 조각은 이해할 수 있으므로).

기독교는 교리가 간단한 데다 엄격한 계율도 없어서 전 세계로 빠르게 퍼져 나갔습니다. 그 덕분에 기독교식 건물은 '기도'와 관련된 행위나 예식에 적합한 공간으로 점점 발전해 나갑니다(바실리카, 집중식 등).

마지막 종교인 이슬람교의 유일신은 알라입니다. 이슬람교의 기도 장소는 모스크이고 가장 큰 행사는 라마단(단식 기간)입니다. 또 우상 숭배가 금지되어 있어서 건물 장식에 식물, 기하학, 문자가 주로 쓰였습니다.

현대 사회에서는 종교가 대립과 분쟁의 원인이 될 때가 많습니다. 그러나 원래 종교란 사람들에게 시대를 뛰어넘은 평화와 구원을 가져다 주고 마음에 충만함을 불러일으키는 소중한 정신 문화입니다. 다양한 지혜, 기술과 경제력이 응축된 결과인 종교 건축 역시 새로운 인류 문화의 원천이 되었을 뿐만 아니라 지금도 우리에게 큰 감동을 준다는 사실을 잊지 맙시다.

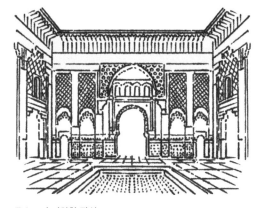

모스크의 기하학 장식

---

1   파르테논 신전과 함께 아크로폴리스에 위치한 주요 신전 중 하나다. 포세이돈 등 여러 신을 함께 모시기 위해 지어졌으며, 아름답게 조각된 여신 모양의 기둥이 유명하다.
2   niche. 장식물을 둘 목적으로 벽면을 오목하게 파서 만든 공간.

08	2000년을 버텨 온 건축물에 숨겨진 비밀	(오더) (돔) (베스파시아누스) (티투스)
	콜로세움(72~80경)	

콜로세움

강대한 제국을 만들고 유지하려면 엄청난 일손이 필요합니다. 그러나 일만 하면 사람들이 너무 힘들어질 것입니다. 그래서 고대 로마는 수많은 도시민을 다스리기 위해 무료로 식량과 오락(나중에 '빵과 서커스'라고 조롱하는 사람이 많았지요)을 제공하는 정책을 썼습니다. 이때 지어진 대표적인 오락 시설이 극장입니다.

사실 극장은 고대 그리스에도 있었지

일하는 로마인　　　로마 황제

매일 일만 하니
재미가 없어!

도로와 수도 시설을 더
확충해야 하는데…
오락 시설을 만들어서
달래 볼까?

무대　관객석

원래 있던 경사를 이용

자연 지형을 활용한 고대 그리스의 극장

인공 구조물로 지은 고대 로마의 극장

만 그때는 에피다우로스 극장처럼 원래의 지형을 살리는 형식이었습니다. 반면 고대 로마의 극장은 관객석과 무대, 배경이 아치와 볼트[1](아치를 통 모양으로 연속시킨 것)로 이어져 있으며 건물 대부분이 인공 구조물입니다.

구조적으로는 아치와 볼트만으로도 충분했습니다. 그러나 고대 로마인들은 품격 있는 건물을 원했습니다. 그래서 그리스 신전의 오더와 아치를 활용하게 되었습니다.

이때부터 오더는 건물에 구조적으로 반드시 필요한 요소에 머물지 않고 건축미까지 담당하게 되었습니다. 그런 대규모 실용 건축의 최고봉이 **5만 명 이상을 수용할 수 있는 압도적 규모의 콜로세움입니다.**

콜로세움은 베스파시아누스 황제 때 짓기 시작해 그의 아들 티투스 황제 때 완공되었습니다. 대략 2000년 전의 건물임에도 지금까지 무너진 곳 없이 튼튼하게 유지되는 것을 보면, 당시 고대 로마인의 높은

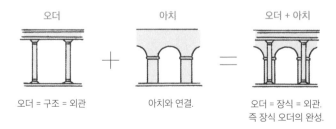

오더　아치　오더 + 아치

오더 = 구조 = 외관　아치와 연결.　오더 = 장식 = 외관.
　　　　　　　　　　　　　　즉 장식 오더의 완성.

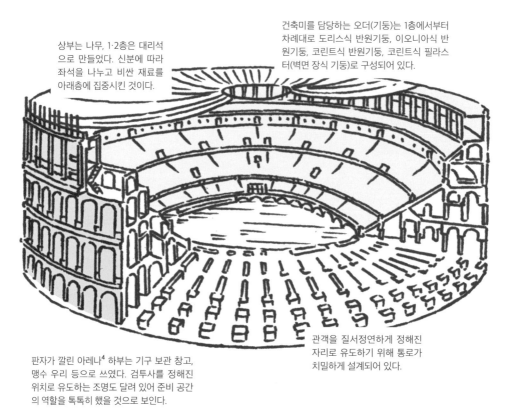

상부는 나무, 1·2층은 대리석으로 만들었다. 신분에 따라 좌석을 나누고 비싼 재료를 아래층에 집중시킨 것이다.

건축미를 담당하는 오더(기둥)는 1층에서부터 차례대로 도리스식 반원기둥, 이오니아식 반원기둥, 코린트식 반원기둥, 코린트식 필라스터(벽면 장식 기둥)로 구성되어 있다.

판자가 깔린 아레나[4] 하부는 기구 보관 창고, 맹수 우리 등으로 쓰였다. 검투사를 정해진 위치로 유도하는 조명도 달려 있어 준비 공간의 역할을 톡톡히 했을 것으로 보인다.

관객을 질서정연하게 정해진 자리로 유도하기 위해 통로가 치밀하게 설계되어 있다.

기술력과 노동력을 짐작할 수 있습니다.

콜로세움 설계에서 가장 중요한 포인트는 오더가 구조의 제약에서 벗어났음에도 구조의 치수는 여전히 오더의 제약을 받았다는 것입니다. 구조의 치수는 오더의 치수를 활용한 비례식으로 정해졌습니다. 게다가 오더는 아치와 연결되어 있었으므로, 오더의 치수가 달라져 통로나 천장 높이가 달라지면 건물의 모든 치수가 바뀌었습니다.

한편 아케이드[2]의 높이는 관객석의 경사에도 영향을 미쳤습니다. 그러나 관객석 경사를 낮추려고 아케이드를 낮추면 곧바로 엔타블러처

(기둥이 떠받치는 수평 부분)[3]의 높이도 낮아집니다. 그래서 건물의 모든 치수를 어쩔 수 없이 다시 조정해야 했습니다.

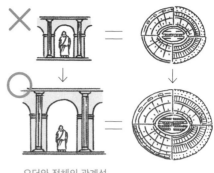

오더와 전체의 관계성

심지어 콜로세움의 평면은 타원형이므로 모든 부분을 딱 맞게 만들기가 매우 어려웠을 것입니다. 그래서 콜로세움을 살펴보면 고대 로마가 얼마나 막강한 국가였는지 알 수 있습니다. 콜로세움은 그 위용 덕분에 황제의 권력을 상징하는 기념비적 건축물이 되었으며, 장식 오더의 완성형을 보여 주어 후세 건축가들에게 살아 있는 교과서가 되고 있습니다.

그러나 이만큼 막강한 힘을 자랑했던 고대 로마 제국도 476년에 붕괴합니다. 시대는 끊임없이 변화하고 패권국도 바뀌기 마련입니다. 건축 역시 시대와 함께 변화하며 새로운 기술과 양식을 끊임없이 낳았습니다. 지금부터는 고대 로마인의 생활, 그리고 콘크리트가 탄생시킨 초대형 돔을 살펴볼 것입니다.

---

1 vault. 궁륭(穹窿)이라고도 한다. 아치에서 발달된 반원형 천장을 말한다.

2 arcade. 열주가 떠받치는 일련의 아치와 그것이 만들어 내는 개방된 통로 공간. 요즘은 아치와 관계없이 지붕이 달린 통로 형태의 상점가를 가리킬 때가 많다.

3 entablature. 코니스, 프리즈, 아키트레이브를 합한 부분을 '엔타블러처'라고 한다(06 참조).

4 arena. 원형 극장 한가운데에 모래를 깔아 놓은 고대 로마의 경기장.

09

로마 부유층의 생활을 한눈에 알 수 있는 곳

폼페이의 도무스[1](A.D. 79 베수비오 화산 분화)

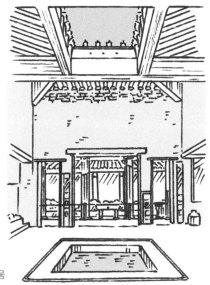

도무스 내부의 아트리움

고대 로마인은 어떻게 생활했을까요? 도무스(비교적 부유한 층의 도시 주택)로 불린 그들의 주택에는 대개 아트리움[2]이 있었습니다. 이 아트리움은 중앙에 수조(임플루비움)가 있고 천장에 천창(콤플루비움)이 뚫린, 하늘로 활짝 열린 공간이었습니다. 고대 로마 시대에는 욕장(카라칼라 욕장)과 공공시설을 비롯한 도시 전반에 상수도가 설치되어 있었으나, 수돗물이 공급되지 않는 집에서는 빗물을 생활용수로 쓰기도 했습니다.

또 도무스는 벽을 공유하는 형태로 나란히 지어져 창문이 없었으므

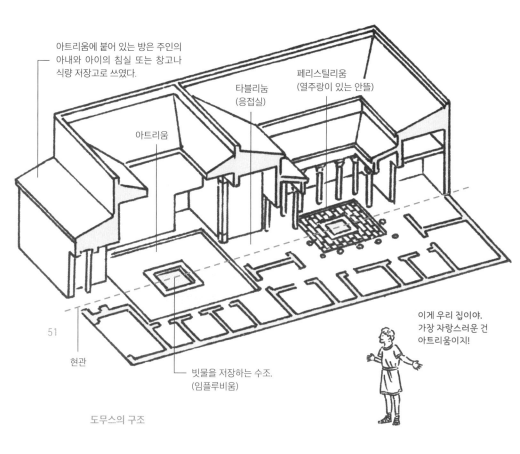

아트리움에 붙어 있는 방은 주인의
아내와 아이의 침실 또는 창고나
식량 저장고로 쓰였다.

타블리눔
(응접실)

페리스틸리움
(열주랑이 있는 안뜰)

아트리움

51

현관

빗물을 저장하는 수조.
(임플루비움)

이게 우리 집이야.
가장 자랑스러운 건
아트리움이지!

도무스의 구조

로 콤플루비움(천창)으로 채광을 했습니다. **아트리움은 이처럼, 인구가 밀집된 도시에 사는 사람들에게 물과 빛을 가져다주었습니다.**

　도무스에서는 현관, 아트리움, 주인이 손님을 접대하는 방(타블리눔), 안뜰 및 페리스틸리움[3]이 일직선으로 배치되었습니다. 이 구조는 침입자가 들어와도 쉽게 알 수 있고 관리가 쉬우며 부를 과시할 수 있다는 장점이 있었습니다.

　아트리움에는 의자와 가재도구가 놓여 있었고, 벽에는 일상생활, 식물과 건물 등을 소재로 한 그림이 그려져 있었습니다. 이 그림들은 나

아름답게 장식된 아트리움에서
생활하는 사람들
아트리움의 천창은 하늘로 활짝
열려 있었다.

중에 '폼페이 4양식'으로 불릴
만큼 예술적으로 뛰어났습니
다. 아트리움은 언제나 시민들
이 모이는 개방된 공간이었습
니다. 집주인은 손님들을 불러
토론회를 열기도 했습니다.

폼페이는 이탈리아 나폴리
근교의 지역으로, 고대 로마
시대에 도시가 번영했던 곳입
니다. 그러나 79년 베수비오

화산이 폭발하여 도시 전체가 매몰되고 말았습니다. 화산재에 묻힌 수
많은 도무스가 당시 모습 그대로 남아 있어 귀중한 문화유산이 되고 있
습니다.

---

1   고대 로마의 부유층이 사는 고급 주택으로 중산층의 집합 주택인 '인술라(in-
     sula)'와 구별된다.
2   고대 로마 주택의 중앙 정원. 실내에 설치된 넓은 마당, 주위의 건물로 둘러싸
     인 안마당 등을 일컫는다. 대개 바닥에는 얕은 연못이 있고 상부 지붕에는 천
     창이 나 있었으며 주위에는 작은 방들이 딸려 있었다. 최근에는 호텔, 사무용
     건물, 상업 시설 등의 실내 중정, 즉 여러 층이 뚫린 실내 공간을 유리 지붕으
     로 씌운 것을 가리킬 때가 많다.
3   건물 또는 안뜰을 둘러싸는 열주랑(列柱廊. 줄지은 기둥으로 구분된 열린 복
     도 같은 공간).

폼페이의 도무스

모든 주택에 평면을 관통하는 축선이 있었으며 그 중심에는 아트리움이 있었다.

외과 의사의 집(B.C. 4경)

역사상 가장 오래된 집 중 하나. 페리스틸리움이 없어서 아트리움 중심으로 생활했을 것이다.

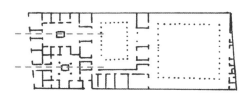

파우누스의 집(B.C. 2경)

입구도 둘, 아트리움도 둘이다. 위쪽의 일반적인 토스카나식 아트리움은 공적 공간으로 쓰였고 아래쪽의 4주식 아트리움은 사적 공간으로 쓰였다.

살루티우스의 집(B.C. 4경)

아트리움, 타블리눔 다음에 페리스틸리움의 원형으로 보이는 열주가 있다.

베수비오 화산

폼페이 거리

• 　아트리움을 나타냄

10

초대형 돔을 만들어 낸
상상 못할 재료의 정체

판테온(118~128)

판테온

참고로 말하자면, 고대 로마인은 기독교가 아닌 다신교를 믿었지!

하드리아누스 황제

　지중해의 패권을 쥔 고대 로마 제국은 자국의 위용을 과시하기 위해 신들에게 제사를 지내는 로마 신전에 특별히 새로운 기술과 높은 예술성을 요구했습니다. 그러나 고대 그리스에서 건물을 지을 때 가장 많이 쓰였던 마름돌쌓기 방식에는 단점이 있었습니다. 그래서 고대 로마인들이 진화시킨 핵심 구조가 아치입니다.

길어질수록 약해진다
돌은 원래 인장력[1]에 약하므로 기둥과 들보 구조에 부적합하다.

쌓기 전의 원기둥
틈새 없이 쌓으려면 많은 시간을 들여 석재를 가공해야 한다.

린텔[2] 구조
고대 그리스와 이집트에서 주로 사용된 린텔 구조는 개구부[3]가 커질수록 작업이 어렵다.

아치 구조
석재 하나하나가 작아서 공사가 편하다.

볼트
아치를 통 모양으로 연속시킨 것.

돔
아치를 회전시켰을 때 생기는 형태.

아치 구조가 크게 발전했을 무렵, 상상도 못했던 재료가 등장했습니다. 바로 로마식 콘크리트인 '로만 콘크리트'입니다. 이것은 화산성 흙에 석회와 잡석, 벽돌 파편, 물을 섞어 만든 건축 재료입니다. 로만 콘크리트는 형틀을 만들어 형태를 자유롭게 구현할 수 있다는 장점이 있었

콘크리트(가소성[4])

형틀로 쓰인 벽돌을 그대로 외벽으로 활용.

벽체를 구축하려면 형틀이 필요하다. 고대 로마에서는 벽돌 형틀만 사용했다.

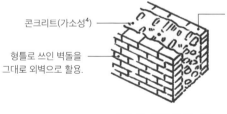

로만 콘크리트 만드는 법

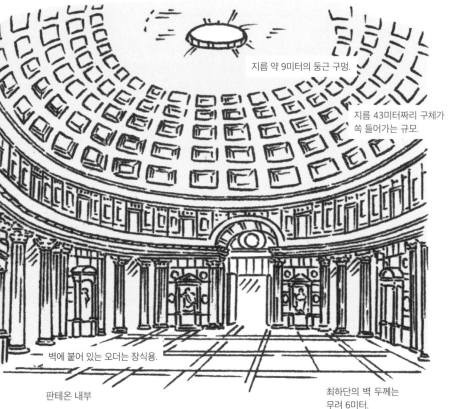

지름 약 9미터의 둥근 구멍.

지름 43미터짜리 구체가 쏙 들어가는 규모.

벽에 붙어 있는 오더는 장식용.

판테온 내부

최하단의 벽 두께는 무려 6미터.

습니다.

이 로만 콘크리트의 장점과 아치 구조를 활용하여 완성한 것이 **로마 세계의 중심으로 불리는 초대형 돔 판테온입니다.**

꼭대기에 뚫린 직경 9미터의 구멍으로 비쳐드는 동그란 햇빛은 시간 대별로 벽면을 이동합니다. 천체 운행의 법칙을 시각적으로 표현했다고 느껴질 만큼 극적인 연출입니다.

그런데 여기서 아치와 콘크리트만큼 중요한 것이 오더를 처리하는 방식입니다.

판테온 평면도

판테온 단면도

고대 로마 건축에서는 아치와 콘크리트가 구조를 책임지므로 오더가 구조를 떠받칠 필요가 없어졌습니다. 그런데도 고대 로마인과 그 후손들은 오더를 미적 관점에서 파악하여 벽에 장식으로 붙이는 방식으로 계속 사용했습니다(장식 오더). 무척 재미있는 현상입니다.

이 초대형 돔은 1436년에 산타마리아 델피오레 대성당(26 참조)이 등장하기 전까지 1000년 이상 세계 최대의 규모를 자랑했습니다. 건축 역사가 끊임없이 발전해 온 것을 생각해 보면 정말 놀라운 일입니다.

이처럼 판테온은 고대 로마인의 세계관에 아치(볼트+돔), 로만 콘크리트, 장식 오더라는 획기적인 요소들이 더해져 비로소 탄생한 건축물입니다. 내부에 건축 당시의 모습이 그대로 남아 있는 건물로서는 세계에서 가장 오래되었습니다. 지금도 전 세계 사람들이 예술의 경지로까지 승화한 그 모습에 매료되고 있습니다.

옆쪽으로 돌아가서 보면, 하중을 위에서 아래로 전달하기 위한 수많은 아치가 원형 벽체 안에 들어 있다.

---

1 引張力. 물체를 늘어뜨리거나 잡아당기는 힘.
2 건축물에서 입구 위에 수평으로 가로질러 놓인 석재로 '상인방(上引枋)'이라고도 한다.
3 건축물에서 창이나 문 등 벽이 뚫린 곳을 총칭하는 말.
4 可塑性. 고체가 외부에서 힘을 받아 형태가 바뀐 뒤 그 힘이 없어져도 본래의 모양으로 돌아가지 않는 성질.

11	신전을 재활용한 교회?	아치
		로마 건축
		초기 기독교

옛 산피에트로 대성당(330~390)
산타사비나 교회당(425~430)

산타사비나 교회당 내부
초기 기독교 교회당의 모습을 보여 주는
매우 귀중한 건물이다.

교차부[1] 없는 간결한 삼랑식[2]의 바실리카.

313년, 밀라노 칙령으로 오랫동안 금지되었던 기독교가 공인받게 되었습니다. 이전까지는 박해가 심했던 탓에 모든 예배와 집회가 개인의 집이나 카타콤(지하 묘지)에서 은밀하게 이뤄졌습니다. 그러나 마침내 기독교가 공인되자 '교회당'이라는 새로운 건물이 무대 위로 등장했습니다.

교회당은 어떤 건물이었을까요?

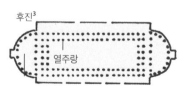

후진[3]

열주랑

고대 로마의 '바실리카 울피아'(98~112)

기둥머리

기둥

아키트레이브

다시 쓰자!

오더를 스폴리아했다

기독교는 새로운 종교였으므로 이전에 본 적 없는 새로운 양식이 탄생했을 것이라고 생각할지 모르겠습니다. 그러나 실제로 초기 기독교 건물은 고대 로마의 다목적 공공건물(회의소 또는 재판소)에 쓰였던 바실리카 양식을 활용했습니다.

또한 오더가 스폴리아(어떤 건물에서 부재를 빼내어 재이용하는 것)된 점이 매우 흥미롭습니다. 게다가 그 오더는 그리스나 로마의 다신교 신전에서 나온 것이었습니다. 하지만 그것도 무리가 아닙니다. 당시 매우 귀한 소재인 대리석에 웅장하고 화려한 조각이 새겨져 있는 오더는 기독교도에게도 매우 매력적인 부재였을 테니 말입니다.

초기 기독교 교회당은 유대교 시나고그의 영향도 받은 듯합니다. 고창[4](클리어스토리)을 설치하여 성스러운 공간에 빛을 끌어들이는 것이 시나고그의 특징이기 때문입니다.

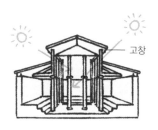

고창

유대교의 시나고그(추정 복원도)

① 고대 로마의 바실리카를 진화시켜

② 오더를 스폴리아하고

③ 고창을 설치한다.

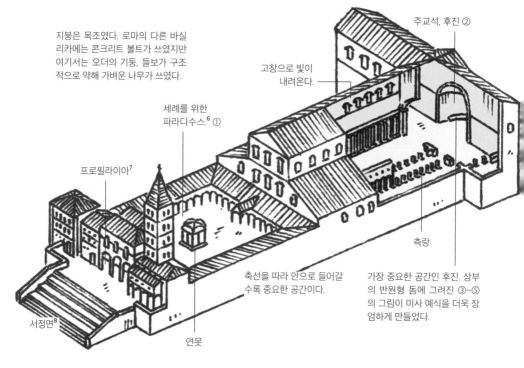

지붕은 목조였다. 로마의 다른 바실리카에는 콘크리트 볼트가 쓰였지만 여기서는 오더의 기둥, 들보가 구조적으로 약해 가벼운 나무가 쓰였다.

주교석, 후진 ②

고창으로 빛이 내려온다.

세례를 위한 파라디수스.⁶ ①

프로필라이아⁷

측랑

축선을 따라 안으로 들어갈 수록 중요한 공간이다.

가장 중요한 공간인 후진. 상부의 반원형 돔에 그려진 ③~⑤의 그림이 미사 예식을 더욱 장엄하게 만들었다.

서정면⁸

연못

바실리카식 교회당이었던 산피에트로 대성당⁵

테마(예수의 생애를 간접 체험한다)

- 베들레헴 마구간에서 탄생.
- 요단강에서 세례 요한에게 세례를 받음 ①.
- 신의 말씀을 전파하는 복음 선교와 최후의 만찬 ②. 만찬에서 빵과 포도주가 성스러운 변화를 일으킴. 수난.(*후진은 ②를 재현하는 공간이기도 함)
- 십자가의 죽음, 부활 ③.
- 제자들이 신의 숨결인 성령을 받아들이는 모습 ④, 그리고 승천 ⑤.

→

복음을 따라 신앙생활을 하다가 예수 그리스도와 일체가 되는 것이 신자들의 이상.

↓

그러므로 교회에서 이루어지는 미사에는 '예수의 생애를 간접 체험한다'라는 의미도 있다.

이 세 요소를 다 갖춘 초기 기독교 건물이 **기독교의 '구원의 길'을 건축 공간으로 표현한 바실리카식 교회당입니다.**

교회당은 건축을 통해 기독교의 본질을 표현할 필요가 있었습니다. 그 목적에 적합한 수단이 축선이 있는 건축 양식인 바실리카였습니다.

바실리카 교회당은 예배 순서를 따라 이동하거나 기도하기에 알맞은 공간이었습니다. 또한 바실리카는 안으로 들어갈수록 분위기가 엄격해졌으므로 신이 강림하는 장소라는 분위기를 풍기기에 적합했습니다. 그러나 초기 기독교 건축이 모델로 삼은 양식은 바실리카뿐만이 아니었습니다. 다음 장에서 다른 하나를 만나 볼 것입니다.

61

---

1   십자형 교회 평면에서 십자의 두 직선이 교차하는 부분.
2   三廊式. 중앙의 신랑(身廊, nave)과 그 양옆의 측랑(側廊, aisle)으로 구성된 건물 형식.
3   後陣, apse(애프스). 예배당의 가장 안쪽 부분. 내진(內陣, choir) 뒤의 반원형 공간. 예배자나 순례객, 관광객이 성당의 중앙 현관으로 들어왔을 때 바로 보이는 곳이므로 제단이나 유물이 놓인다.
4   高窓. 사람의 손이 닿지 않는 높은 곳 또는 지붕 바로 밑의 벽에 낸 창.
5   4세기에 지어진 바실리카식 성당. 여기 나온 것은 16세기에 개축되기 전의 모습이다. 우리나라에서는 '성 베드로 성당'으로도 불린다.
6   paradīsus. 교회의 앞뜰.
7   propylaia. 고대 그리스의 문 또는 문 형태의 건축물.
8   西正面. 건물 중 주요 도로에서 보이고 주 출입구가 있는 정면을 '파사드'(façade)라 하는데, 여기에 방위를 더하여 동정면, 서정면 등으로 구분하기도 한다. 중세 교회 대부분이 탄생, 생명, 부활을 상징하는 동쪽에 제단을 배치하고 죽음과 죄악을 상징하는 서쪽에 출입구를 냈으므로 외부에서 볼 때는 언제나 서정면이 파사드가 되었다.

| 12 | 세례가 교회 건축에
미친 영향

산타코스탄차 성당(360경) | 바실리카
집중식
초기 기독교
콘스탄티누스
콘스탄티나 |

산타코스탄차 성당

초기 기독교 건축은 바실리카 외에 또 하나의 양식을 활용했습니다. 바로 집중식입니다.

집중식은 원형, 정팔각형, 정육각형, 정사각형 등을 기본 평면으로 하며, 중심에 돔을 올리고 그 주변에 다른 요소를 배치하는 구심성 높은 교회 건축 양식입니다.

집중식은 교회당뿐만 아니라 세례당이나 장례당에도 쓰였습니다. 당시의 세례는 몸 전체를 물속에 담그는 침례였으므로 중앙에 수조를 둔

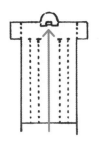

바실리카식과
집중식은 교회 건축의
기본적 구성이니 꼭
알아 두길 바랍니다.

바실리카식: 미사에 적합
긴 축이 핵심.
'길이'와 '거리'의 공간.

집중식: 부적합
구심적인 상승감이 핵심.
'중심'과 '높이'의 공간.

집중식이 알맞았던 것입니다.

또 예수 그리스도의 무덤이 있는 곳에 원형 평면의 성분묘 교회 (336년 헌당)가 세워진 것도 큰 영향을 미쳤습니다. 이 교회를 본떠 사당과 마르티리움(순교 기념당)이 집중식으로 지어지게 되었습니다. 초기의 집중식 교회는 대부분 기독교가 탄압받던 시절에 신앙을 지켰던 순교자에게 봉헌된 것이었습니다.

집중식 교회 중에서도 가장 귀중한 유적이 로마에 있는 산타코스탄차 성당입니다.

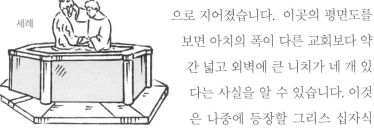

세례

산타코스탄차 성당은 354년 세상을 떠난 콘스탄티나(콘스탄티누스 황제의 딸)의 세례당으로 지어졌습니다. 이곳의 평면도를 보면 아치의 폭이 다른 교회보다 약간 넓고 외벽에 큰 니치가 네 개 있다는 사실을 알 수 있습니다. 이것은 나중에 등장할 그리스 십자식

큰 니치 —

산타코스탄차 성당 평면도
스폴리아했으므로 군데군데
기둥 종류가 다르다.

산타코스탄차 성당 내부

중앙의 둥근 공간이 측랑보다 높아
서, 고창으로 들어온 신성한 빛이
아케이드에 넘친다.

빛이 넘치는 중앙 공간의 상부
와는 대조적으로, 뒤쪽 측랑 공
간은 항상 어두컴컴하다.

측랑

천국을 상징하는 중앙의 돔을 빛
으로 채운 결과 공간 전체에서
수직적인 상승감이 느껴진다.

모든 것이 교회당의 중심을
향하는 구심성.

코린트식 원기둥이
두 개씩 짝지어 아케
이드를 이룬다.

설계(16 참조)를 떠올리게 합니다.

또, 지금은 원래 모습을 전혀 찾아볼 수 없지만, 예수탄생교회(베들레헴, 326년경 기공)를 비롯한 몇몇 교회는 집중식 건물과 바실리카식 교회당을 결합하는 형식으로 지어졌습니다. 이 시기에 이처럼 바실리카식과 집중식이 합쳐진 교회가 지어졌다는 사실을 잘 기억해 둡시다.

13	위대한 발명으로 완성한 비잔틴 건축의 대표작	돔 바실리카식 집중식 비잔틴 건축 유스티니아누스 황제 안테미오스 이시도로스

아야소피아 대성당(532~537)

아야소피아 대성당

　초기 기독교에서는 후진 위의 반원형 돔에 (신의 자리라는) 상징적인 의미를 부여했습니다. 또한 동로마(비잔틴 제국)의 비잔틴 건축에서는 이 생각을 강화하여 돔을 더욱 강조했습니다. 그래서 예배 행렬에 적합한 바실리카식 설계와 돔을 어떻게 잘 조합시키느냐가 건축가들이 풀어야 할 과제가 되었습니다.

　그 과제를 단숨에 해결한 구조가 바로 위대한 발명품인 펜덴티브였

펜덴티브 돔의 탄생

이전 방식 ① 스퀸치

판석 등 수평재를 모서리에 걸침으로써 정사각형 평면을 원에 가까운 팔각형으로 만든 다음 돔을 올린다.
하지만 아무래도 각진 모서리가 생긴다. 또 길고 큰 돌을 구하기 어려운 지역에서는 쓸 수 없는 방법이다.

이전 방식 ② 트롬프

모서리에 수평재 대신 아치를 올려서 각을 서서히 줄여 나간다.
벽돌이나 잡석으로도 만들 수 있지만, 사각형 평면과 돔이 부드럽게 연결되지 않는다.

펜덴티브 → 펜덴티브 돔

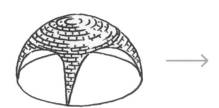

정사각형에 원을 외접시켰다(①, ②는 내접). 정사각형의 네 변에 맞춰 돔을 수직으로 잘라내면, 중심을 향해 솟아오르는 곡면 삼각형이 네 개 생긴다. 이것이 펜덴티브다.
그러나 이 방법으로는 정사각형보다 큰 돔을 올릴 수 없다.

돔의 펜덴티브 윗부분을 수평으로 잘라내 원형 평면을 만들고, 그 위에 다른 돔을 올린다. 펜덴티브 돔 완성.

후진으로 향하는 축선상에 위치한 신랑[1]은 바실리카식 건물의 핵심이다. 동시에 후진, 반원형 돔, 중앙의 돔으로 서서히 높아지는 수직적 공간은 집중식 건물의 특징이다. 전에는 양립할 수 없었던 특징적 공간이 하나로 융합한 것이다.

돔의 하단에 개구부가 빙 둘러 나 있어 빛이 많이 들어온다. 마치 신의 손이 거대한 돔을 하늘에서 내려준 것 같은 착각을 불러일으키는 장면이다.

펜덴티브로 하중을 받아 내므로 그 외의 부분을 구조적으로 개방하여 큰 창을 낼 수 있게 된 것이 가장 혁명적인 변화였다.

주로 청록색을 띠는 대리석, 금박이 선명하게 돋보이는 위층 벽면, 그리고 모자이크까지. 다양한 개구부에서 들어온 빛을 받아 시간대별로 다른 색채가 떠오르는 것도 이 성당의 큰 매력이다.

습니다. 그리고 이 펜덴티브 돔을 활용하여 고대의 마지막을 화려하게 장식한 건축물이 아야소피아 대성당입니다.

펜덴티브 돔이라는 위대한 발명 덕분에, 로마인들은 이전에 실현하지 못했던 새로운 공간인 '바실리카식 + 집중식 일체형' 공간을 실현했습니다.

하지만 초기에 펜덴티브 돔을 도입했던 아야소피아 대성당은 웅장하고 화려한 반면 구조적으로 취약하여 보수와 보강을 거듭해야 했습니다. 그래서 이후에는 아야소피아만큼 큰 규모의 비잔틴 건축이 등장하지 않았습니다.

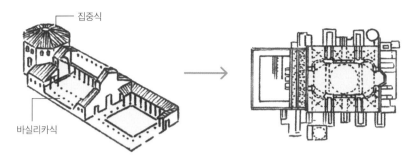

베들레헴 교회당
이전에도 바실리카식과 집중식을 합친 건물이
있었지만 어디까지나 한 건물에 두 가지 공간
이 별도로 존재하는 형태였다.

아야소피아의 평면도
아야소피아에서 비로소 바실리카식과
집중식이 일체가 되었다.

 비잔틴 건축의 특징이
여기에 집약되어 있다.

그러다가 오스만 제국의 시대가 되자 이슬람 사원이 연달아 지어졌
는데, 이 건물들은 펜덴티브 돔과 반원형 펜덴티브 돔을 활용하여 질서
정연하고 기하학적으로 건축되었습니다. 즉 비잔틴 건축은 물론이고,
이슬람 건축 역시 아야소피아 이후 크게 발전했던 것입니다. 건축은 이
처럼 과거를 기반으로 끊임없이 진화합니다.

---

1   **身廊**, nave. 교회 건축(십자식 바실리카 성당 등)에서 좌우의 측랑 사이에 끼
    인 중심부의 긴 복도. 성당 내에서 가장 넓은 부분이며 보통 예배자를 위한 장
    소다.

2부

중세

14	샤를마뉴 국왕의 이상이 담긴 건축물	로마네스크 건축 바실리카식 집중식 비잔틴 건축 샤를마뉴 국왕

아헨 궁정 예배당(792~805경)
코르바이 수도원(885)

코르바이 수도원의
서향 구조

중세 전기(5~10세기) 서유럽은 사회적, 경제적으로 불안정해 비잔틴 제국(동로마 제국)보다 문화적 수준이 낮았습니다. 건축 활동도 정체되어 있어서 '건축 불모의 시대'로 불립니다. 그 시기에 다음 건축 양식으로 이어지는 가교 역할을 한 것이 전기 로마네스크 건축입니다.

우선 시대의 흐름과 주요 사건을 살펴봅시다.

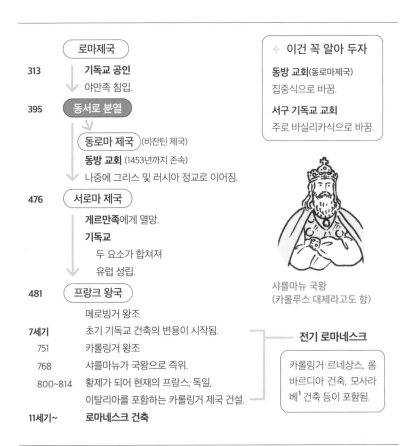

	로마제국
313	**기독교 공인**
	야만족 침입.
395	**동서로 분열**
	동로마 제국 (비잔틴 제국)
	동방 교회 (1453년까지 존속)
	나중에 그리스 및 러시아 정교로 이어짐.
476	**서로마 제국**
	게르만족에게 멸망.
	기독교
	두 요소가 합쳐져 유럽 성립.
481	**프랑크 왕국**
	메로빙거 왕조
7세기	초기 기독교 건축의 변용이 시작됨.
751	카롤링거 왕조
768	샤를마뉴가 국왕으로 즉위.
800~814	황제가 되어 현재의 프랑스, 독일, 이탈리아를 포함하는 카롤링거 제국 건설.
11세기~	**로마네스크 건축**

◈ 이건 꼭 알아 두자

동방 교회(동로마제국)
집중식으로 바꿈.

서구 기독교 교회
주로 바실리카식으로 바꿈.

샤를마뉴 국왕
(카롤루스 대제라고도 함)

전기 로마네스크

카롤링거·르네상스, 롬바르디아 건축, 모사라베[1] 건축 등이 포함됨.

751년에 카롤링거 왕조가 성립되었습니다. '위대한 지배자'라 일컬어지는 샤를마뉴 국왕이 새로운 시대를 연 것입니다. 카롤링거 왕조는 서유럽 영토의 대부분을 문화적, 정치적으로 통일하며 서유럽 세계의 기틀을 마련했습니다.

이 무렵 서유럽에서는 고대 건물의 토대 위에 새 건물을 짓거나 수도원을 짓는 경우가 많았습니다. 하지만 지금은 그 대부분이 사라지고 없

습니다. 그래서 이 7~10세기에 지어진 건물을 전기 로마네스크 건축물
이라 부르며 이후에 등장하는 로마네스크 건축물과 구분합니다. 그런
와중에도 초기 기독교 건축은 몇 가지 변화에 성공했고 서향 구조[2] 등
의 새로운 구조도 만들어 냈습니다.

초기 기독교 건축에서 전기 로마네스크 건축으로의 변화는 크게 아
래 세 가지로 정리해 볼 수 있습니다.

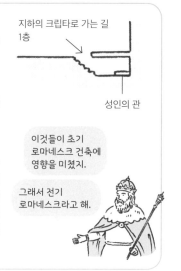

① 세례당
예식의 간략화를 위해 세례도 교회당 내에서 이루
어지게 되었으므로 세례당이 사라졌습니다.

② 크립타
전에는 교회 근처에 조성되었던 장례당이 크립타
(지하 성당)가 되어 교회당 안으로 들어왔습니다.

③ 서향 구조
카롤링거 왕조의 몇 안 되는 유적인 코르바이 수
도원의 서쪽 끝에는 서향 구조라는 반독립적 예배
공간이 조성되어 있고 그 위에 두 개의 탑이 솟아
있습니다. 탑을 활용해 '천상의 도시'인 교회에 어
울리는 형태를 구현하고 황제의 힘을 과시하려 한
것입니다.

지하의 크립타로 가는 길
1층

성인의 관

이것들이 초기
로마네스크 건축에
영향을 미쳤지.

그래서 전기
로마네스크라고 해.

서향 구조의 등장으로 이전에 강한 인상을 주지 못했던 바실리카식
교회당의 파사드가 단숨에 중후하고 위엄 있게 변했습니다. 또 초기 기
독교 건물에서 예배당 옆에 독립적으로 세워졌던 종탑도 서향 구조가
등장한 이후 로마네스크와 고딕 교회당의 필수적인 구성 요소가 되었
습니다.

로마네스크에서는 1탑~3탑식 등으로 탑을 되도록 많이, 혹은 화려하

게 세우는 것을 이상적으로 여겼습니다. 한편 고딕 건축은 점차 2탑식으로 안정되어 갔습니다.

　참고로, 교회당에서 반독립된 형태의 다층 예배당인 '서향 구조'와 신자인 민중을 맞아들이는 고딕 성당의 '서정면'은 전혀 다른 개념이니 혼동하지 않도록 합시다.

　'로마네스크의 과도기'에 샤를마뉴 국왕이 건설한 전기 로마네스크 건물이 아헨 궁정 예배당입니다. 아헨 궁정 예배당은 수직적 상승감과 장중한 거대함이 느껴지는 건축물입니다.　여기에는 앞에서 말한 다양한 요소가 포함되어 있습니다.

아헨 궁정 예배당 내부

측랑 2층을 '트리뷴'이라고 한다.

신랑 위에 돔을 덮는다.

이중 후진

흐름 ① 게르만적
북방 게르만족의 목조 건축 전통을 발전시킴. 삼림 문화 속에서 길러진 게르만의 종교관이 건축물에 나타남.

흐름 ② 라틴적
지중해의 석조 건축 문화를 발전시킴. 비잔틴 건축, 초기 기독교 건축, 이슬람교의 영향이 건축물에 드러남.

전기 로마네스크 건축에 이 두 가지 흐름이 있다는 사실을 알아 두면 이해가 깊어질 거야.

샤를마뉴 국왕은 선조에게서 이어받은 게르만의 전통과 당시 사람들이 이상적으로 여겼던 고대 로마의 문화, 동쪽의 선진국 비잔틴 제국의 문화, 보호해야 할 기독교의 가르침을 한데 조화시키려 했습니다. 아헨 궁정 예배당은 이런 다양한 문화와 생각이 한 건물 안에서 조화를 이룬 보기 드문 작품입니다.

전기 로마네스크가 수백 년에 걸쳐 실시한 형태와 기술에 관한 실험은 지방별 특색을 나타내기 시작하면서 로마네스크라는 결실을 맺습니다. 이제 슬슬 '벽의 건축'으로 불리는 로마네스크 건축을 살펴볼까요?

---

1   Mozárabe. 9세기 말에서 11세기 말에 이슬람의 지배를 비해 스페인으로 온 기독교도.

2   독일어 베스트베르크(Westwerk)의 번역어. 중세 교회 서쪽 끝에 설치된 다층식 구조를 말한다. 일반적으로 탑, 포치(건물 출입구 앞에 설치한 지붕 달린 복도), 트리뷴(2층 좌석)으로 구성되며 별도의 내진을 갖추기도 했다.

15	성지순례 열풍과 함께한 로마네스크 건축	오더 돔 바실리카 고딕 건축

슈파이어 대성당(1061)

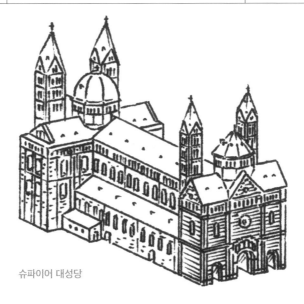

슈파이어 대성당

건축 불모의 시대가 끝난 1000년경, 프랑스와 이탈리아를 중심으로 교회가 잇따라 건설되었습니다. 경제적, 정치적 힘을 되찾은 왕조와 공국의 권력자들이 종교 권력과 결합하여 건설 활동을 재개했기 때문입니다.

또, 이 무렵 많은 사람이 천년왕국설(예수가 최후의 심판 이전에 재림하여 1000년 동안 황금기가 올 것이라는 믿음)을 믿고 종교와 천국을 깊이 동경하였으므로 성지순례 열풍이 일어났습니다. 그래서 모두가 경쟁하듯 로마네스크 건물을 지었습니다.

로마네스크 건축의 특징

1. 반원형 아치의 빈번한 사용

고대 로마 건축에 흔했던 반원형 아치를 많이 사용했다(로마네스크는 '로마풍'이라는 뜻).

석조 터널 볼트 천장

2. 석조 볼트의 진화

로마 건축과 전기 로마네스크(14 참조) 건축의 볼트가 진화했다. 바실리카에서는 천장이 목조였지만 석조 볼트의 도입으로 벽과 천장이 일체가 되었다.

3. 묵직한 구조체

석조 볼트로 된 무거운 천장을 지탱하기 위해 벽을 더 두껍게 만들었고 부벽을 쓰기도 했다. 벽이 구조체라서 큰 창을 뚫을 수 없었다.

4. 바실리카식 평면의 진화

점점 늘어나는 순례자들 때문에 크립타와 제실, 서향 구조(14 참조)를 점차 많이 쓰게 되었다. 이 모든 부분의 치수와 비례를 아름답게 정돈하기 위해 평면을 진화시켰다.

5. '오더의 건축'에서 '벽의 건축'으로(벽면 분할의 미학)

그리스 신전	로마 건축	초기 기독교 건축	

석조 기둥, 들보 구조. **오더 = 구조**	석조 기둥과 들보는 장식, 아치와 콘크리트가 구조. **오더 = 장식**	스폴리아한 오더를 바실리카에 활용했다. **오더 = 구조(나무 천장)**	피어 로마네스크 건축 벽 = 구조 = 장식 (석조 볼트 천장)

● 피어 : 굵은 독립 기둥의 총칭(각기둥, 원기둥 등이 있으며 다양하게 조합할 수 있다).

로마네스크 건축에서 처음으로, 벽이 구조와 장식을 겸하게 되었습니다.

개구, 그리고 개구와 벽면을 나누는 도즈렛[1], 기둥몸, 교차 볼트 등의 선(線)적 요소들이 벽면을 분할합니다. 로마네스크 건축은 78쪽에서 보는 바와 같이 변화를 거듭하며 고딕 건축을 향해 갑니다. 참고로, 건물에 지역별 특색이 드러나는 것이 로마네스크 건축의 묘미입니다.

79

◆ 로마네스크 건축의 지역별 특색

대규모 로마네스크(독일, 벨기에, 네덜란드 등)
서향 구조와 이중 내진(서향 구조에도 후진과 내진을 조성) 도입.

이탈리아 로마네스크
화려하고 색채가 풍부하다. 스퀸치 돔. 롬바르드 밴드(작은 아치가 연속된 처마 밑의 장식으로 북이탈리아 롬바르디아 지방에서 유행)가 많이 쓰였다. 교회와 종루를 따로 만든 경우가 많다.

프랑스 로마네스크
제실, 방사형 제실, 주보랑 도입.

다양한 기둥머리 조각

외벽을 장식한 롬바르드 밴드

여기서는 전형적인 독일 로마네스크 건물인 슈파이어 대성당을 소개하겠습니다. 이 교회는 독일 로마네스크 건물 중 규모가 가장 크며, 서향 구조, 여러 개의 탑, 롬바르드 밴드[2]까지 모두 갖추고 있습니다.

육중한 돔과 팔각 탑, 계단 탑, 크게 돌출된 익랑[3](십자형 평면에서 교차부 양쪽으로 튀어나온 부분. 17 참조), 그리고 후진의 반원 모양이 명쾌하고도 호화로운 분위기를 자아냅니다. 내부의 인상도 비슷합니다.

또 슈파이어 대성당의 베이(기둥, 아치 등에 의해 구분된 벽, 창과 볼트의 한

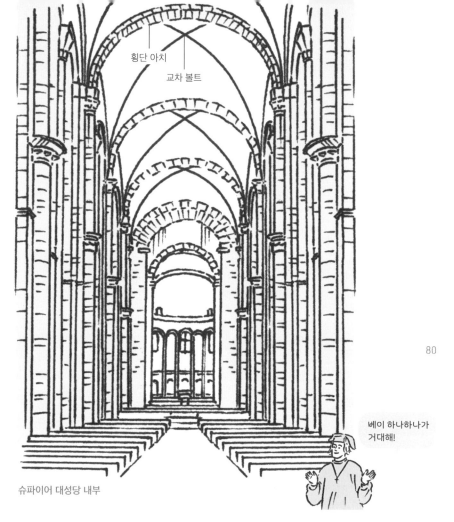

횡단 아치

교차 볼트

베이 하나하나가 거대해!

슈파이어 대성당 내부

묶음을 말함)는 면적도 크고 간격도 길어서 당시 최고 수준의 기술로도 시공이 극도로 어려웠을 것으로 보입니다.

　중세에 건축 활동과 모든 정치·경제가 정체된 시기에는 큰 돌을 가공하거나 운반하기가 어려웠을 것입니다. 그래서 대개 작은 석재를 조합하여 벽과 기둥을 쌓아 올리는 방식으로 교회당을 지었습니다. 이때부터 원기둥으로 구성된 오더 대신 벽을 겸한 기둥인 피어가 쓰이기 시작합니다. 이것은 매우 중요한 변화입니다. 그 덕분에 벽에 개구부를 뚫어서 빛을 끌어들이는 건축 행위가 시작되었기 때문입니다. 동시에 로마 건축에서 오더와 장식이 사라졌습니다.

그러나 단순한 벽만으로는 미학적 가치가 없습니다. 그래서 로마네스크 건축가들은 교회당을 신에게 어울리는 공간으로 만들기 위해 벽을 조각하고 아름답게 분할했습니다.

---

1   dosseret. 비잔틴, 로마네스크 건축의 기둥에서 기둥머리 위에 올리는 부재. 사각뿔을 거꾸로 세운 듯한 모양이다.
2   11세기 초 롬바르디아, 아라곤, 카탈로니아 등에서 건축물 외관에 일반적으로 썼던 장식 요소.
3   翼廊. transept(트랜셉트). 수랑(袖廊)이라고도 한다.

16	황금 모자이크가 아름다운 베네치아의 상징	펜덴티브 돔 바실리카식 집중식

산마르코 대성당(1063~1071)

산마르코 대성당

395년, 로마 제국은 동서로 나뉩니다. 그중 서로마 제국은 476년 게르만 민족에게 멸망했지만 동로마 제국은 그 후로도 오랫동안, 1453년 오스만튀르크에 점령당하기 전까지 이어졌습니다.

동로마 제국은 이전의 로마와는 문화적으로 달랐으므로 비잔틴 제국으로도 불립니다. 이 비잔틴 제국에서 가장 역사적인 건축물이 앞서 소개한 비잔틴 건축의 걸작 아야소피아 대성당(13 참조)입니다.

그리고 여기서 반드시 소개해야 할 비잔틴 건축의 또 하나의 중요한 형식이 그리스 십자식 교회당입니다. 그리스 십자식 교회당에서는 보편적으로 사각형 평면에 돔을 얹었습니다.

아야소피아 대성당은 돔이 있는 바실리카식이었습니다. 이것은 앞서 말했듯이, 오래 지속되지는 못했으나 이슬람 사원의 본보기가 된 형식입니다.

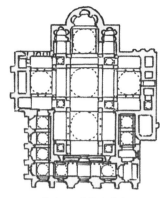

산마르코 대성당 평면도

이게 그리스 십자식 설계인가?

그래서 그리스 십자식 교회에서는 돔을 중심으로 사방에 볼트를 배치하는 교차 돔[2]이 기본이 되었습니다. 그중에서도 평면을 베이로 나누어 각각의 베이 위에 돔을 얹은 것이 서유럽에 가장 완전한 형태로 남아 있는 비잔틴 건축물, 산마르코 대성당입니다.

산마르코 대성당은 베네치아의 막대한 경제력이 만들어 낸 그리스 십자식 교회당의 대표 건축물입니다. 지금 보아도 바닥, 기둥, 벽의 호

83

◆ 비잔틴 건축의 특징

① 비잔틴 건축은 교회 내부 장식인 모자이크를 빼고는 생각할 수 없다. 산마르코 대성당 안의 금박 유리 모자이크는 700년에 걸쳐 만들어졌다고 한다.

② 비잔틴 건축의 가장 큰 특징은 기둥머리에 있다. 사각뿔을 뒤집은 듯한 형상에 잎 장식이 깊이 조각되어 있다.

사각뿔 기둥머리

임포스트 블록[1]을 추가한 기둥머리

산마르코 대성당 내부

화로운 모자이크, 눈부신 황금빛에 눈이 휘둥그레질 정도이니, 그야말로 베네치아 공화국의 영광의 상징이라 할 수 있습니다.

　한편 그리스 십자식은 제단을 중심부에 두어 예식을 효율적으로 집행할 수 있는 바실리카식보다는 다소 불편합니다. 그래도 의식을 중심으로 집중시키려는 모습에서, 서로마 제국과는 다른 종교 개혁을 추진하겠다는 강한 의지가 느껴집니다.

　　　　　　베네치아가 동로마 제국에 속하는

그런데 베네치아가 원래
동로마 제국이었어?

이탈리아에 있어서
서로마 제국인 줄
알았는데.

까닭은 당시 라벤나(이탈리아를 지배했던 동로마 제국 총독부 소재지)가 비잔틴 제국의 영토에서 제외된 후에도 명목상 비잔틴 제국의 지배를 받는 자치령으로 취급되었기 때문입니다[3].

이런 상황에서, 역대 베네치아 총독들은 이웃 나라들의 세력을 교묘히 이용하면서 독자성을 유지한 덕분에 교역으로 막대한 부를 쌓을 수 있었습니다.

산마르코 대성당은 '지상 세계'를 상징하는 정육면체 위에 '천상 세계'를 상징하는 돔이 올라가 있는 형태입니다. 이것은 그야말로 천상 세계의 히에라르키(위계)를 중시한 '동방 정교'가 비잔틴 제국 멸망 이후 건축을 통해 신의 왕국을 표현한 것이라고 할 수 있습니다. 동방 정교는 그 후 러시아로 전파되어 러시아 정교가 됩니다.

아드리아해의 천연 라군(모래톱이나 산호초로 격리된 수심 얕은 바다)을 바탕으로 거미줄 같은 운하와 퍼즐 조각 같은 섬들이 만들어졌고, 이것들이 다시 베네치아를 이루고 있습니다. 세계에서 손꼽히는 낭만적인 도시 베네치아를 꼭 한 번 방문해 보시기 바랍니다.

---

1   부주두. 이중 기둥머리 중 상부.
2   2개 이상의 반구 또는 아치가 교차하여 이루는 대형 복합 돔.
3   라벤나 총독부의 지배하에 있었던 베네치아도 사정은 마찬가지였다.

| 17 | 산티아고로 향하는
순례자들의 성당 | 로마네스크 건축
수도원
고딕 건축 |

생세르냉 성당(1080경)

생세르냉 성당
프랑스 최대의 로마네스크 건축물.

11세기 후반이 되자 성 유물을 경배하기 위한 성지 순례가 더욱 늘어납니다. 특히 3대 성지 중 하나인 산티아고 데콤포스텔라[1](다른 두 곳은 예루살렘과 로마에 있음)로 가는 순례자가 매우 많았습니다. 거기에 유럽 최대의 로마네스크식 순례 교회당이 지어집니다.

그러면 순례 교회당은 이전의 교회당과 어떻게 다를까요?

가장 큰 특징은 순례자가 예식에 지장을 주지 않고 교회당을 둘러볼 수 있도록 바깥쪽에 회유 동선을 추가했다는 것입니다. 그 덕분에 순례

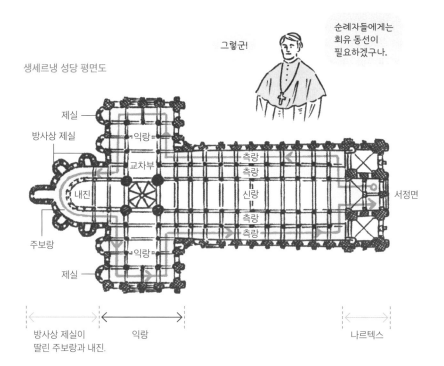

생세르냉 성당 평면도

그렇군!

순례자들에게는
회유 동선이
필요하겠구나.

제실

방사상 제실

익랑

교차부

측랑
측랑
신랑
측랑
측랑

서정면

내진

주보랑

익랑

제실

방사상 제실이
딸린 주보랑과 내진.

익랑

나르텍스

자가 기도를 방해하지 않게 되었습니다. 나르텍스(전실)에서 순례자의 입장을 적절히 제한할 수도 있었습니다.

크립타(지하 제실, 14 참조)를 지하에 두어 성 유물을 보관하면서 순례자들이 예배를 드릴 수 있도록 하고 도난도 방지했습니다. 또 교차부에 높은 탑을 세워 순례자들이 멀리서도 쉽게 교회를 찾도록 했습니다. 기독교의 예식과 사상에 적합한 바실리카식이 '순례'라는 시대의 요청에 맞게 진화한 것입니다.

그러나 무엇보다도 로마네스크 건축의 혁신성은 볼트 구조에 가장 잘 드러나 있습니다.

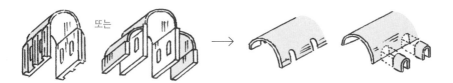

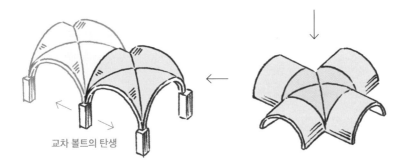

터널 볼트를 지탱하기 위해 양쪽에 1/2 터널 볼트를 댄다(부벽을 대거나 벽을 더 두껍게 해도 된다).

개구부가 커지면 볼트가 무너지므로, 되도록 작게 줄이고 아치로 보강해야 한다.

교차 볼트의 탄생

볼트를 연속시키면 추력이 상쇄되고 이음매도 부드러워진다. 터널 볼트와는 달리 네 다리 밑에만 피어를 설치하면 된다.

크기가 같은 터널 볼트들을 직각으로 조합한다.

3층식 트리뷴(생테티엔 교회당의 예)
대형 아케이드, 트리뷴, 고창으로 이루어진 '3층식 트리뷴'은 신랑을 지탱하는 중요한 구조이니 잘 알아 두자.

• 초기 로마네스크 건물의 천장은 목조여서 번개 때문에 화재가 발생할 때가 많았다. 그래서 화재 예방과 교회당 미관을 위해 볼트 천장이 점점 많이 쓰이게 되었다. 특히 교차 볼트에는 개구부를 크게 만들 수 있었지만, 당시에는 시공이 쉽지 않았다.

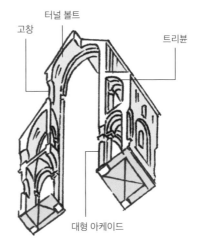

터널 볼트

고창

트리뷴

대형 아케이드

우선, 교차 볼트가 발명되어 터널 볼트 하부에 반드시 필요했던 벽 구조를 생략할 수 있게 되었습니다. 그래서 벽을 피어로 대체함으로써 신랑으로 좀 더 많은 빛을 끌어들일 수 있게 되었습니다.

신랑에 교차 볼트(혹은 터널 볼트)를 올리면 옆으로 벌어지는 힘(추력推力)이 생깁니다. 그래서 로마네스크 건축에서는 볼트가 벌어지지 않도록 하기 위해 측랑 위에 트리뷴 등을 설치했습니다. 이런 아이디어와 구조는 다음 건축 양식인 고딕 건축으로 계승됩니다.

그렇다면 고딕 건축가들은 어떤 공간을 만들어 냈을까요? 이야기의 무대를 파리로 옮기겠습니다.

---

1   스페인 북서부. 사도 야곱(산티아고)의 유해가 발견된 곳. 프랑스 툴루즈에 있는 생세르냉 성당의 형식을 본뜬 대규모 순례 성당이 지어졌다.

18	장식도, 조각도, 벽화도 금지된 곳	로마네스크 건축
		고딕 건축
		바실리카식

풍트네 수도원 교회당(1139~1147경)

풍트네 수도원 교회당 서정면

설마 수돗물 틀어 주는 곳이라고 하진 않겠지?

여러분은 수도원이라는 말을 들으면 무엇이 떠오르나요?

그렇습니다. 수도원은 수도사가 기도하는 곳입니다. 그러나 중세의 수도원은 기도하는 곳일뿐만 아니라 다양한 기능을 지닌 하나의 마을인 동시에 가장 선진적인 생산 조직이기도 했습니다. 수도원은 예술과 학문의 중심이자 학교였습니다. 또

새로운 걸 알게 되었어!

학교

숙소

살았다!

수도원은 자급자족 공동체로서 황무지를 개간하고 농사를 지어 생활에 필요한 물건을 생산하기도 했습니다. 순례자에게 숙소를 제공하고, 가난한 자를 재우고 먹였으며, 병자를 치료하는 병원으로 기능하기도 했습니다. 수도사는 종교인인 동시에 장인, 농민, 의사, 기술자, 교사 같

수도원은 4세기 이집트에 처음 등장한 이래 갈리아*(현재의 북이탈리아, 프랑스 주변) 전역으로 퍼져 나갔다.

클뤼니 수도원(프랑스) 복원도

카롤링거 왕조 시대에 수도원이 제국 영토에 속속 건설되었다.

● '갈리아인'이란 고대 로마인이 켈트인을 부를 때 썼던 이름. 그들이 거주했던 지역이 '갈리아'이다.

은 전문인이었습니다.

이런 수도원을 건설할 수 있는 사람은 기하학, 수학, 음악 이론에 뛰어날 뿐만 아니라 성경을 읽을 수 있는 소수에 불과했습니다. 당시에는 신학자나 성직자가 그랬습니다.

이런 신학자, 성직자 들이 만든 수도원의 교회당은 소속된 수도회에 따라 특징이 나누어집니다.

그중에서도 가장 오래된 시토회의 로마네스크 교회가 퐁트네 수도원 교회당입니다.

시토회는 또 하나의 큰 수도회인 클뤼니회를 비판했습니다. 클뤼니회는 호화로움을 좋아했

퐁트네 수도원 교회당 내부

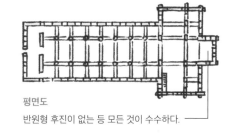

평면도
반원형 후진이 없는 등 모든 것이 수수하다.

기 때문입니다. 그래서 시토회의 퐁트네 수도원 교회당은 장식적인 요소가 극히 적고 금욕적입니다. 서정면에도 눈에 띄는 탑을 세우지 않았고 스테인드글라스와 조각, 벽화조차 금지했습니다.

원래 반원형 후진이 있어야 할 동쪽 끝부분까지 평평하게 마무리할 정도로 외관도 수수했습니다. 퐁트네 수도원은 이처럼 소박한 형태와 간결한 구조가 특징입니다. 정상이 약간 뾰족한 첨두아치형 볼트가 있기는 하지만, 로마네스크 교회로서는 예외적으로 천장고가 낮고 무척

수수합니다.

시토회는 수도원의 계율을 철저히 준수하고 청빈함을 지키려 노력했습니다. 이런 시토회의 미학이 퐁트네 수도원 교회당에 잘 드러나 있습니다.

그러다 보니 얼핏 실용주의만을 강조한 합리적 건물로 생각할 수도 있지만, 이 교회당은 수와 기하학에 바탕을 둔 미학적 비례를 적용한 예술품이기도 합니다.

10세기경 유럽에는 수도원이 1200곳 정도 있었다고 합니다. 이들 수도원은 다양한 사람들에게 생활의 도움을 주고 도피처(당시에는 순례 도중에 산적을 만나기도 했음)이자 정신적 지주가 되어 주었으며 학문, 문화의 계승과 발전을 담당했습니다. 그것이 그 시대 수도원의 사명이었습니다.

유럽 각지의 로마네스크 건물들도 수도원이 없었다면 존재하지 않았을 것입니다. 그러나 로마네스크 건물의 벽면 분할의 미학(15 참조)이나 수의 미학은 민중이 이해하기에는 너무 어려웠습니다. 그래서 고딕 건축은 민중이 이해하기 쉬운 초월 공간을 만들어 냅니다.

로마네스크가 고딕으로 바뀌는 과정에서 건축은 구체적으로 어떻게 진화했을까요? 함께 살펴봅시다.

19	프랑스의 대표적 고딕 성당	로마네스크 건축 순례 교회당 고딕 건축
	아미앵 대성당(1220경)	

아미앵 대성당
서정면

앞에서 보았듯이, 로마네스크 건축물은 대부분 유럽 곳곳에 지어진 수도원이었습니다. 수도원은 수도사를 위한 시설이었지요.

한편, 고딕 건축은 그 발생 과정과 존재 이유부터 로마네스크와 상당히 달랐습니다.

고딕 건축물은 대부분 일반 민중을 위한 도시 교회였습니다. 권위를 과시하는 수단이기도 했던 고딕 건물은 파리에서 탄생하자마자 이웃 나라로 급속히 전파되었습니다.

고딕 건축의 특징

1 **첨두아치** 로마네스크의 반원형 아치에 비해 수평 추력이 작고 상승하는 느낌이 드는 첨두아치를 주로 사용했다.

2 **교차리브¹ 볼트** 교차리브 볼트 형식의 골조를 쓴 덕분에 선형 요소가 늘어나고 피어와 천장이 더욱 일체화되었다.

3 **가벼운 선형 구조체** 플라잉 버트레스²를 써서 벽과 피어를 더 얇게 만들고 트리뷴(17 참조)도 생략했으며 창도 더 크게 뚫을 수 있게 되었다. 전체적으로 구조체가 가벼워졌다.

4 **로마네스크 평면을 기반** 민중의 편의를 위해 방사상 제실이 딸린 주보랑(17 참조)을 적극적으로 도입했다. 서정면은 로마네스크에서 이어받았다. 신랑 앞쪽의 독립 공간이었던 나르텍스와 서향 구조를 없애 '민중을 곧바로 교회당 내로 유도하는 구조'를 취한 것이 특징이다.

5 **벽면 분할** 벽면 분할 기법이 한층 더 진화하여 고딕 건물의 내부 공간을 섬세하고 고귀하게 변모시켰다. 놀랍게도 고딕 건물의 내부에는 직각 모서리가 전혀 없다. 모든 테두리와 분할선이 아치를 이루고 있다. 그래서 벽 두께가 더욱 얇아진 것처럼 보인다.

첨두아치

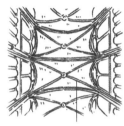

교차리브 볼트

플라잉 버트레스

폭은 같은데, 속았군.

 A   A

공간과 공간의 연결도 로마네스크와는 비교가 안 될 만큼 부드럽다.

로마네스크 = 직각
벽 두께가 고스란히 보인다.
아치 모서리 : 직각
피어 모서리 : 직각

고딕 = 아치의 조합
벽 두께가 교묘하게 감춰진다.

개구부 틀 : 아치
첨두아치 테두리 : 아치
기둥 : 아치

고딕 건축의 가장 큰 특징은 피어에서 나온 여러 가닥의 기둥몸과 교차 볼트가 서로 연결된다는 것입니다. 이렇게 연결된 선형 요소는 실제 건물의 하중을 지탱하기에는 너무 가늘어서 보강을 위해 다른 구조체를 덧대야 했습니다. 그러나 사람의 눈에는 가는 선들이 먼저 들어오므로, 전체 공간이 가볍게 느껴지게 되었습니다.

이런 특징이 두드러지는 초월 공간이 고딕 건축의 대표인 아미앵 대성당입니다.

성당 안으로 들어가면, 무려 42미터나 되는 천장 높이 덕분에 날씬한 구조체를 타고 위로 올라가는 듯한 기분이 듭니다. 숭고하고 눈부신

아미앵 대성당
내부

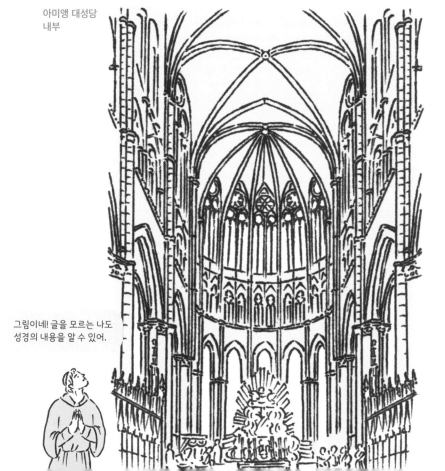

그림이네! 글을 모르는 나도
성경의 내용을 알 수 있어.

빛으로 넘치는 이 공간은 민중을 위한 새로운 기도의 장이었습니다. 크게 뚫린 개구부에는 스테인드글라스가 끼워졌습니다. 거기에 성경의 내용을 상세하게 묘사하는 그림을 그려 넣었으므로 글을 읽지 못하는 사람도 무척 기뻐했을 것입니다.

파리에서 탄생한 고딕 건축은 이런 특성 덕분에 순식간에 여러 나라로 퍼졌습니다.

그러면 고딕 건축은 어떻게 진화했는지 살펴봅시다.

---

1 안쪽으로 돌출한 능선에 아치형의 리브(갈빗대처럼 생긴 곡선 부재)를 붙인 교차 볼트. '리브'는 '늑재(肋材)', '늑골'로도 불린다.

2 부벽의 한 형식. 외벽을 지탱하는 반 아치형의 석조 구조물. 주벽의 가로 방향 압력을 아치 모양의 팔로 지탱한다.

대성당의 쌍둥이 탑 모양이 서로 다른 이유

샤르트르 대성당(재건 1194~1220)

샤르트르 대성당

   샤르트르 대성당은 프랑스에서 가장 아름다운 고딕 건축물 중 하나입니다.

   1130~1150년에 서정면(쌍둥이 탑)이 완성되었을 당시에는 둘 다 로마네스크 양식이었습니다. 그러나 1194년에 일어난 화재로 남탑과 지하 성당 사이의 파사드를 제외한 모든 건물이 타 버렸습니다. 같은 해에 재건이 시작되었고, 그때 북탑은 로마네스크가 아닌 고딕 양식으로 새

로 지어졌습니다.

이리하여, 남북으로 다른 양식의 탑이 마주 보게 되었습니다. 살아남은 105미터 높이의 남탑은 소박하고 장식이 적으며 중후한 로마네스크식 각뿔 탑입니다. 새로 지은 113미터 높이의 북탑은 후기 고딕(플랑부아양) 양식을 적용한 우아한 복합형 탑입니다.

'화염식(火炎式)'이라고도 칭하는 플랑부아양은 15세기 이후 유행한 건축 장식으로, 기교를 특히 많이 쓰는 것이 특징입니다. 탑뿐만 아니라 대성당 곳곳에 그 특징이 보이는데, 정면 입구에도 다양한 곡선이 얽힌 트레이서리(여러 선형 요소로 장식된 창틀, 장식 격자)가 쓰였습니다.

플라잉 버트레스

고딕 건축에 자주 쓰인 '플라잉 버트레스'는 아래로 갈수록 벽이 두꺼워진다.

파리의 생세브랭 성당 및 생제르베 성당, 루앙의 생마클루 교회, 몽생미셸의 대수도원 성당의 내진 등이 이 플랑부아양 양식의 수작으로 남아 있습니다.

샤르트르 대성당은 지역 경제의 중심이자 랜드마크이기도 했습니다. 북단의 바실리카 입구에서는 직물을, 남단에서는 연료·채소·육류를 판매하는 등 다양한 상품을 거래하는 시장으로 쓰였고, 직업이 없는 사람들이 일을 구하러 성당에 모이기도 했습니다. 전염병이 창궐하여 희생자가 늘어났을 때는 북측 지하 예배당을 병원으로 쓰기도 했습니다.

샤르트르 대성당 서정면

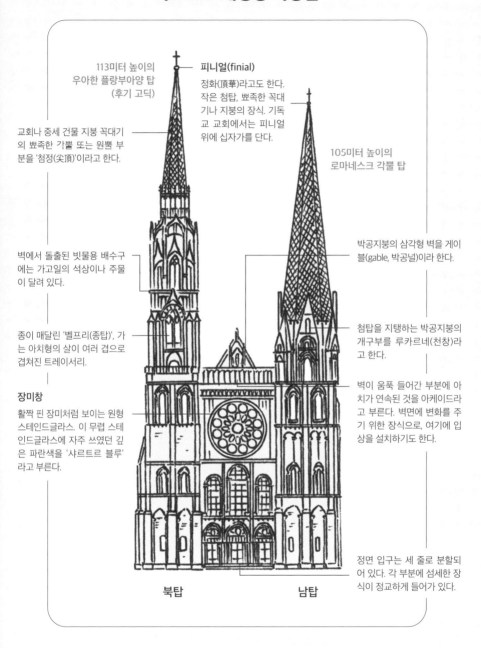

113미터 높이의 우아한 플랑부아양 탑 (후기 고딕)

교회나 중세 건물 지붕 꼭대기의 뾰족한 가뿔 또는 원뿔 부분을 '첨정(尖頂)'이라고 한다.

피니얼(finial)
정화(頂華)라고도 한다. 작은 첨탑, 뾰족한 꼭대기나 지붕의 장식. 기독교 교회에서는 피니얼 위에 십자가를 단다.

105미터 높이의 로마네스크 각뿔 탑

벽에서 돌출된 빗물용 배수구에는 가고일의 석상이나 주물이 달려 있다.

박공지붕의 삼각형 벽을 게이블(gable, 박공널)이라 한다.

종이 매달린 '벨프리(종탑)', 가는 아치형의 살이 여러 겹으로 겹쳐진 트레이서리.

첨탑을 지탱하는 박공지붕의 개구부를 루카르네(천창)라고 한다.

장미창
활짝 핀 장미처럼 보이는 원형 스테인드글라스. 이 무렵 스테인드글라스에 자주 쓰였던 깊은 파란색을 '샤르트르 블루'라고 부른다.

벽이 움푹 들어간 부분에 아치가 연속된 것을 아케이드라고 부른다. 벽면에 변화를 주기 위한 장식으로, 여기에 입상을 설치하기도 한다.

정면 입구는 세 줄로 분할되어 있다. 각 부분에 섬세한 장식이 정교하게 들어가 있다.

북탑   남탑

21	이름의 비밀을 간직한 신비로운 이슬람 궁전	(이슬람교) (성채 도시) (무함마드 1세)

알람브라 궁전(1238~1358)

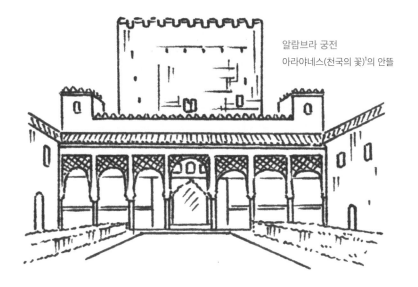

알람브라 궁전
아라야네스(천국의 꽃)'의 안뜰

알람브라 궁전은 스페인 그라나다시 남동쪽 언덕 위에 위치한 궁전입니다. '궁전'이라 불리지만, 원래 있었던 알카사바 성채를 11세기에 확장하여 만들어진 성입니다. 성안에 주택, 관청, 군대, 마구간, 모스크, 학교, 욕장, 묘지, 정원 등 다양한 시설이 구비되어 있습니다.

내가 지었어!

원래 알카사바 성채는 9세기 말에 이베리아반도 남부를 지배한 무어인의 왕조, 즉 후기 우마이야

무함마드 1세

왕조 말기에 지어졌습니다. 아랍인들이 농민 반란군의 침입을 막기 위해 방어벽으로 쌓은 것입니다.

현존하는 대부분의 유적은 이베리아반도 최후의 이슬람 왕조인 나스르 왕조 시대의 것으로, 초대 왕 무함마드 1세가 건축을 시작했고 후대 무슬림 정권들이 완성했습니다. 이곳은 술탄(왕)의 거처인 동시에 수천 명이 거주하는 성채 도시이기도 했습니다.

이처럼 알람브라 궁전은 각기 다른 시대에 조금씩 만들어진 다양한 건축물의 복합체여서, 시대별 건축 양식과 형식 등이 잘 드러나 있습니다.

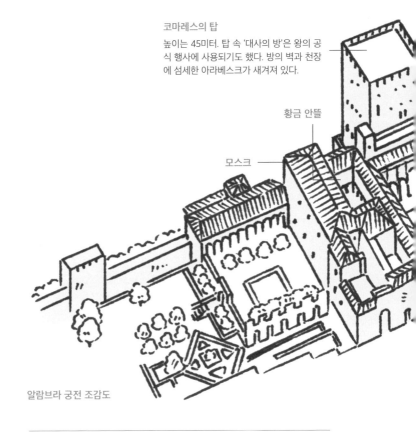

코마레스의 탑
높이는 45미터. 탑 속 '대사의 방'은 왕의 공식 행사에 사용되기도 했다. 방의 벽과 천장에 섬세한 아라베스크가 새겨져 있다.

황금 안뜰

모스크

알람브라 궁전 조감도

---

1   실제 꽃은 도금양(Downy Myrtle, 학명 Rhodomyrtus tomentosa)이다.

알람브라의 산맥

알람브라의 성벽 뒤로 시에라네바다 산맥이 펼쳐져 있다. 그라나다는 여름에 무척 덥지만 이 성은 완만한 언덕 위, 초록이 무성하고 서늘한 곳에 위치하고 있다. '알람브라'란 아라비아어로 '빨강'을 뜻한다. 석재에 적철이 다량 함유되어 있어서 벽이 빨갛게 보여 그렇게 불리게 되었다고 한다.

욕장

고대 로마의 공중 욕장을 본떠 만들어졌다.

두 자매의 방

왕의 아내의 방. 당시의 아내 36명 중 마지막으로 남은 2명이 살던 곳이다. '사자의 안뜰' 주변은 왕의 사적인 공간, 즉 '하렘'이었다.

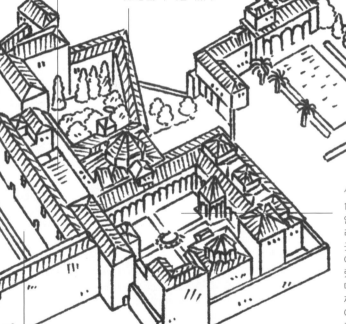

사자의 안뜰

124개의 대리석 기둥이 있는 안뜰. 안뜰 중앙 분수 위에 있는 사자 12마리의 입에서 나온 물이 주변의 방 네 곳으로 흘러간다. 옛날에는 한 시간에 한 마리씩 물을 내보내 시간을 알렸다.

대리석 기둥의 들보에서부터 천장까지 이어진 정밀한 조각은 이슬람 예술의 걸작으로 꼽힌다. 우상 숭배가 금지되어 있었으므로 '아라베스크'로 불리는 기하학 문양과 문자 장식으로 방 내외를 둘러쌌다. 그 정교함은 단연 압권이다.

아라야네스의 안뜰

알람브라 궁전에서 가장 유명한 장소. 여기에는 기하학적인 심메트리아가 적용되었는데, 연못을 활용하여 상하 방향으로도 심메트리아를 만들었다. 연못은 코마레스의 탑을 비추는 '물의 거울'이다. 알람브라의 정원과 분수에 사용되는 물은 20킬로미터 떨어진 시에라네바다산맥에서 눈 녹은 물을 끌어온 것이라고 한다.

22	중세에 짓기 시작해 근대에 완성된 집념의 성당	피라미드 지구라트 고딕

퀼른 대성당(1248~1880)

퀼른 대성당
실질 공사 기간은 무려 350년.

  서양에서 대성당(프랑스어로 카테드랄cathédrale)이라 하면 주교석이 있는 교회당을 말합니다. 313년에 기독교가 공인된 후, 로마 교회는 전 지역을 주교구로 구분했습니다. 그리고 주교구마다 주교가 앉는 의자, 즉 주교석(카테드라)을 두고 해당 지역을 총괄하며 감독하게 했습니다. 그래서 대성당은 도시에 위치하면서 주위를 압도할 정도로 규모가 컸습니다.

✦ 주교와 신부의 차이

주교

12사도의 후계자로, 맡은
교구에서 일어나는 모든
교회 활동에 책임을 집니다.

주교의 협력자로서 각
교회에서 선교 활동을
하고 신도를 돌봅니다.

신부

그런데 그 당시에 이런 건물을 어떻게 지었을까요?

대성당을 건립하는 데에는 오랜 시간이 걸렸습니다. 그중에서도 쾰른 대성당은 실질적인 공사 기간이 약 350년으로 엄청나게 길었습니다. 고딕 시대에 시작된 공사가 고딕 부흥 시대가 되어서야 끝났을 정도입니다. 그 외에도 샤르트르 대성당은 주요 부분을 완성하는 데 약 27년, 아미앵 대성당은 완성하는 데 약 44년이 걸렸습니다. 반면 아야 소피아 대성당은 단 6년 만에 완성되었는데, 이것은 로마 황제 유스티니아누스가 명을 내려 막대한 건설 자금을 확보한 덕분에 노동자를 1만 명이나 고용할 수 있었기 때문입니다. 이 말은 일반적인 중세 교회당 건설에 노동자가 훨씬 적게 투입되었다는 뜻이기도 합니다.

의외일지 모르지만, 건물 공사에서 가장 큰 비용이 들었던 부분은 석재 운반이었습니다. 피라미드를 소개할 때 '피라미드 건설 예정지 바로 옆에서 채석장이 발견되었다'라고 썼는데, 대성당 건축도 마찬가지여서 가까운 곳에서 구할 수 있는 석재를 최대한 이용했습니다.

지금의 자동차, 크레인, 승강기는 당연히 없었습니다. 이때 주로 사

중세 시대 건축의 풍경

당시 공사 현장의 모습

건설 현장 근처의 채석장

볼트가 시작되는 부분의 석재 장식 조립법
모든 석재가 지상에서 정확히 조각되었다.

석재는 크레인이나 인력으로 끌어올렸다
로프로 묶어서 끌어올리는 기계. 사람이 안
에 들어가 햄스터처럼 뛰면서 수레바퀴를
돌리는 구조였다.

중세의 설계 도면(일부의 예)
중세 건축 도면이 거의 남아 있지 않는
것은 당시에 양피지가 무척 귀했기 때문
이다. 그래서 건축이 끝나면 도면을 지우
고 잘라서 재활용했다.

용했던 소달구지는 진창이나 바퀴 자국에 빠질 때도 많았고 조금만 경사진 길에서도 옴짝달싹 못 하는 것이 큰 단점이었습니다. 한편 수로를 이용하는 경우에는 운반이 훨씬 편했습니다.

　이렇게 어렵게 운반한 석재를 추와 수평기를 이용하여 정확하게 놓은 다음 모르타르로 붙이는 방식으로 하나하나 쌓았습니다.

　대성당은 시민의 신앙심을 고취하기 위한 시설이었지만 상당한 사회 기반, 기술과 자금이 갖춰져야만 지을 수 있는 건물이었습니다. 아미앵 대성당을 지을 때 경제력을 다 써버려 '주변 지역에 다른 교회당을 건립할 힘이 남아 있지 않았다'라는 기록도 있습니다. 시민에게 무거운 세금을 부과하는 등 가혹한 정책을 쓴 탓에 폭동이 일어나 건설이 중단되는 일도 있었습니다.

　국가 예산을 어떻게 써야 더 많은 시민이 행복해질까요? 대성당은 더 좋은 사회를 만들기 위한 힌트를 주는 귀중한 존재일지도 모릅니다.

엑서터 대성당

리브 볼트와 기둥몸이 연결되어 있어 구조가 무척 가벼워 보이는 것이 고딕 건축의 특징입니다. 그런데 그 리브의 장식적 역할을 아주 잘 활용한 나라가 있습니다. 고딕을 무척 좋아했던 영국입니다. 영국은 12세기 후반에서 16세기 중엽까지 오랫동안 프랑스와 함께 고딕을 대표했던 나라입니다.

여기서 리브 볼트를 다시 한번 살펴볼까요? 하나로 이어진 리브와 기둥몸은 겉으로는 건물 전체의 하중을 지탱하는 듯 보입니다. 그러나 실제로는 콘크리트를 덧댄 볼트 천장, 피어와 벽, 플라잉 버트레스가 거의 모든 하중을 견디고 리브는 장식에 가깝습니다. 영국 고딕 건축가들은 리브의 이런 장식 효과를 극한까지 끌어올렸습니다.

그러면 중세 석조 건축 기술의 극치로 불리는 엑서터 대성당의 극도로 정밀하고 교묘한 공간을 살펴봅시다.

교회당 내부가 온통 트레이서리, 팬 볼트, 기둥몸이 이루는 선으로 뒤덮여 있습니다.

가설용 목재 지주

리브

시공 중 모습
볼트보다 기준선인 리브가 먼저 설치된다.

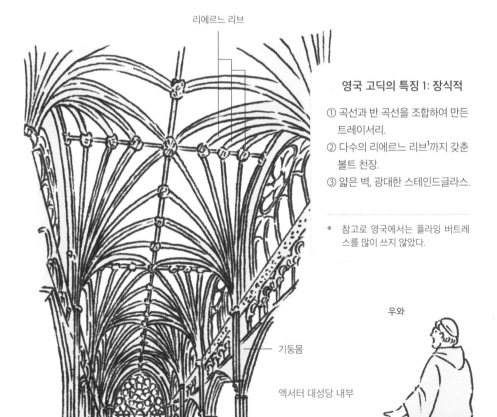

리에르느 리브

기둥몸

엑서터 대성당 내부

우와

영국 고딕의 특징 1: 장식적

① 곡선과 반 곡선을 조합하여 만든 트레이서리.
② 다수의 리에르느 리브[1]까지 갖춘 볼트 천장.
③ 얇은 벽, 광대한 스테인드글라스.

• 참고로 영국에서는 플라잉 버트레스를 많이 쓰지 않았다.

그물코 모양의 팬 볼트. 리브
가 균질하게 부채의 살처럼
퍼져 있는 천장 형식을 '팬 볼
트'라고 한다.

트레이서리

글로스터 대성당 내부(1337~1367)

◆ **영국 고딕의 특징 2: 수직식**

① 트레이서리를 활용하여 대형 창을
수평·수직으로 분할한다.

② 리브의 수를 늘려 그물 모양, 부채
모양의 리브 볼트 천장을 만든다.

킹스 칼리지 예배당 내부(1446~1515)

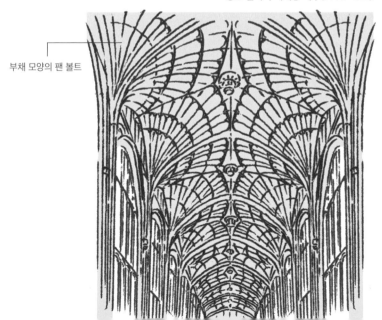

부채 모양의 팬 볼트

빛 속에 떠다니는 듯한 느낌을 주는 고딕 건축 공간은 로마네스크 건물의 두껍고 무거운 벽과 천장을 가볍게 만들어 보려는 시도에서 시작되었습니다. 그래서 플라잉 버트레스로 벽 두께를 줄이고 기둥몸과 리브를 연결하여 시각적인 가벼움을 연출한 것입니다.

고딕 건축은 분명, 로마네스크 시대에는 상상할 수 없었던 다양한 혁신에 성공했습니다. 그러나 창을 최대한 키웠음에도 내부와 외부가 이어지는 일체형 공간은 만들지 못했습니다. 영국 고딕이 어디까지나 내부 공간의 장식 요소를 늘리는 데 그쳤다는 점을 기억해 둡시다.

---

1   부채형 볼트 혹은 그물형 볼트 등의 2차적 리브. 주로 지붕 아치의 기점이나 중심에서 뻗어 나온다.

24 빛나는 오렌지색 지붕에 담긴 안타까운 사연

성채 도시
항만 도시

두브로브니크(15세기경 성채 완성)

두브로브니크 시가지

크로아티아의 두브로브니크는 예전에 베네치아, 제노바와 어깨를 나란히 할 만큼 융성한 항만 도시 국가였습니다.

항만 도시란 물자가 모여들고 나가는 지점 또는 상업 교역의 중요 지점으로 번영한 도시를 말합니다. 이런 곳의 실권을 쥐면 정치적으로나 상업적으로나 큰 이권을 장악할 수 있었으므로 항만 도시는 언제나 침략의 위험에 놓여 있었습니다.

그런 이유로, 방어에 유리한 천연 요새인 지중해 연안의 섬이 항만 도시로 발전하는 경우가 많았습니다. 그중에서도 두브로브니크섬은 선원에게 식량과 물, 휴식을 공급하는 역할을 담당하면서, 천연 요새인 섬을 강고한 성벽으로 철저히 방어하여 지중해 상업 교역의 중요한 거점으로 번영했습니다.

앞서 말했다시피 두브로브니크는 원래 섬이었습니다. 그런데 서로마 제국이 붕괴하고 슬라브인의 습격을 피해 도망쳐 온 라틴인들이 섬에 모여 살기 시작한 후 얕은 물길을 사이에 두고 육지의 슬라브인과 섬의 라틴인이 대립하는 상황이 오래 이어졌습니다. 그러나 12세기 후반에는 그런 대립도 끝나고 물길도 메워져 두브로브니크는 평화로운 반도가 되었습니다. 즉, 두브로브니크는 바다를 메워 완성한 도시입니다.

예전에 물길이었던 곳이 지금은 '플라차 거리'가 되었습니다. 한때 대립의 상징이었던 곳이 두 민족을 연결하는 평화의 상징으로 변한 것입니다.

어제의 적은
오늘의 동지인가?

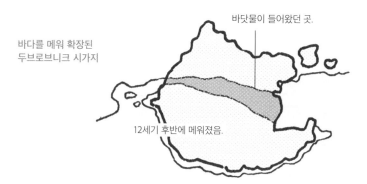

바다를 메워 확장된
두브로브니크 시가지

바닷물이 들어왔던 곳.

12세기 후반에 메워졌음.

루자 광장의 시계탑.

물길을 메운 결과 단면이 절구
모양인 도시가 되었다.

천연 요새

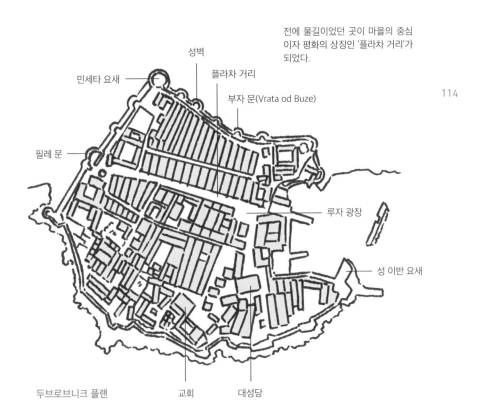

전에 물길이었던 곳이 마을의 중심
이자 평화의 상징인 '플라차 거리'가
되었다.

성벽

플라차 거리

민세타 요새

부자 문(Vrata od Buze)

필레 문

루자 광장

성 이반 요새

두브로브니크 플랜

교회

대성당

1991년 구 유고슬라비아가 붕괴한 후 민족 분쟁으로 내전이 발발하자 두브로브니크도 포격을 받았고 많은 건물이 파괴되었습니다. 그러나 내전이 잠잠해지자 전 세계의 지원을 받아 단기간에 도시를 재건할 수 있었습니다. 지금 전 세계에서 모여든 수많은 관광객을 매료시키는 오렌지색 기와지붕은 내전으로 포격을 입은 후 새로 교체한 것입니다.

내전 이후 '위험에 처한 세계 유산'으로 지정되었던 두브로브니크 시가지는 1999년에 그 오명을 벗는 데 성공했습니다.

3부

근세

르네상스 건축의 시작

산로렌초 성당(1425경)

산로렌초 성당

산로렌초 성당은 1425년경에 준공된 건물로, 르네상스 초기의 대표
작입니다. 르네상스는 고대 로마 건축을 검증하려는 노력에서부터 시
작된 운동입니다. 그래서 그리스·로마 건축을 다룬 고대 로마 시대의
서적으로 유일하게 남아 있었던 비트루비우스의 《건축서》가 당시의 건
축 교본 같은 역할을 하게 되었습니다.

《건축서》에서 건축 각부의 비례 관계를 기술했기 때문에 르네상스
건축에서도 비례 관계를 중시했습니다. 산로렌초 성당을 설계한 건축

가 필리포 브루넬레스키 역시 비례를 중시했습니다. 그는 이 비례 관계를 평면뿐만 아니라 높이를 결정할 때도 활용했습니다.

르네상스 이전의 고딕 후기에는 여러 도시가 경제력을 과시하기 위해 건물을 경쟁적으로 높이 지었습니다. 이런 고딕 포화기에, 브루넬레스키가 제창한 기하학적 비례로 높이를 결정하는 방식은 상당히 효과적으로 받아들여졌을 것입니다.

산로렌초 성당 내부

필리포 브루넬레스키
(1377~1446)

119

80년 사이 1.8배로.
고딕 시대의 끝없는 높이 경쟁.

상스의
생테티엔 대성당
1140년 24미터

랑 대성당
1160년 24미터

파리 대성당
1163년 32미터

샤르트르 대성당
1194년 34미터

랭스 대성당
1211년 38미터

아미앵 대성당
1220년 42미터

또한 브루넬레스키는 이후의 건축에 큰 영향을 미친 투시도법을 발명한 것으로 알려져 있습니다. 투시도법의 원리는 120쪽에서 보듯 크게 두 가지입니다.

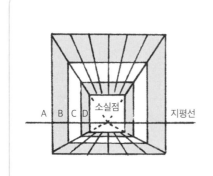

✦ 투시도법의 원리

① 깊이 방향으로 가는 평행한 선은 모두 지평선 상의 한 점(소실점)으로 집약된다.

② 깊이 방향으로 균등하게 배치된 물체 사이의 간격은 깊이 들어갈수록 좁아 보인다.

● A, B, C, D로 점점 깊이 들어가면 간격이 좁아진다.

이 발명은 당시 서유럽 사람들의 공간 인식과 상당한 관련이 있는 듯 합니다. 로마네스크 및 고딕 시대의 성당 등 대부분의 종교 건축에서는 규칙적으로 베이를 배열하여 공간을 구성하는 것이 일반적이었습니다. 지붕의 구조물(교차 볼트)을 지탱하는 기둥에 둘러싸인 영역을 '베이'라고 하는데, 로마네스크 이후 '베이를 연속시킨 것이 건물'이라는 사고 방식이 있었기 때문입니다.

입구에 섰을 때 보이는, 깊이 방향으로 규칙적으로 늘어선 열주와 바

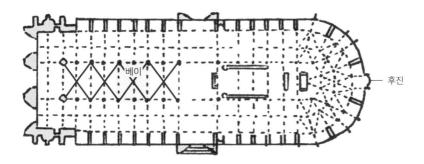

고딕 양식의 파리 대성당(1163~1250경) 평면도

닥과 천장을 이루는 다양한 평행선이 한 점으로 모이는 광경은 절대 유일신을 믿는 기독교 세계관과도 일치했을 것입니다.

사람들은 이처럼 종교적으로 적합한 공간을 실현하기 위해 그 공간을 특징적으로 담아낼 도법을 자신도 모르게 찾고 있었을 것입니다. 그리고 투시도법이 그 필요를 채워 주었습니다.

일신교의 종교관, 베이를 연속시킨 건물, 투시도법이라는 세 요소가 뭉친 강력한 조합은 '초기 르네상스'에서 눈부신 빛을 발했습니다. 이 조합은 이후 수백 년이 지난 지금까지도 공간을 보는 관점에 대한 르네상스적 세계관을 우리에게 전해 주고 있습니다.

| 26 | 불가능해 보였던
피렌체의 랜드마크 | （돔）
（르네상스）
（필리포 브루넬레스키） |

산타마리아 델피오레 대성당(1436 헌당)

산타마리아 델피오레 대성당

산타마리아 델피오레 대성당은 1436년에 피렌체에 세워진 대주교 성당입니다. 두오모(대성당), 산조반니 세례당, 조토의 종탑으로 구성되어 있으며 그중에서도 두오모(대성당)는 초기 르네상스를 대표하는 작품으로 손꼽힙니다.

그런데 이 두오모를 완성하는 데에는 매우 오랜 시간이 걸렸습니다. 왜일까요?

우선 1294년에 조각가 아르놀포 디캄비오가 설계를 맡았으나 1302년

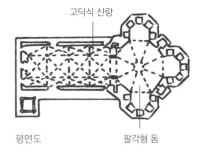

산조반니 세례당
로마네스크 양식의
팔각형 세례당.

조토의 종탑
대성당 옆에 지어진 높이
85미터의 고딕식 종루.

고딕식 신랑

평면도

팔각형 돔

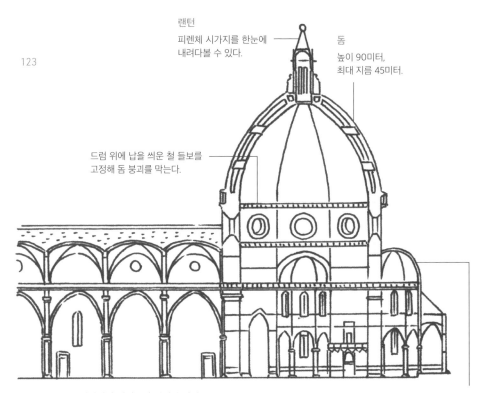

랜턴
피렌체 시가지를 한눈에
내려다볼 수 있다.

돔
높이 90미터,
최대 지름 45미터.

드럼 위에 납을 씌운 철 들보를
고정해 돔 붕괴를 막는다.

산타마리아 델피오레 대성당 단면도

주위를 둘러싼 반원형 돔 형식
의 버트레스가 드럼 기단부를
지탱한다.

이중 구조 중 안쪽은 구조물, 바깥쪽은 빗물을 받아 내는 덮개 돔이다.

벽돌이 안쪽으로 조금씩 밀려나오도록 쌓았다. 하부에는 벽돌이 아닌 석재를 썼다.

에 사망하여 공사가 중단되었습니다. 그리고 1334년에 후계자인 조토가 공사를 이어받아 종탑을 지었습니다. 그러나 그 역시 1337년에 사망하면서 공사가 다시 중단됩니다.

1355년에 공사가 재개되었고, 프란체스코 탈렌티를 비롯한 6명의 조각가와 건축가의 손을 거쳐 1380년에 드디어 대성당의 신랑이 완성되었습니다. 1410년에는 돔의 기단부인 드럼이 완성되었습니다.

내가 죽은 후에야 돔이 완성되었죠.

브루넬레스키

그러나 이후 1417년까지, 돔을 올릴 방법을 찾기 위해 무수한 도면과 모형이 오갔습니다. 돔의 규모가 당시 세계 최고를 자랑하던 고대 로마의 판테온을 능가할 정도였으므로 건설이 매우 어려웠던 것입니다.

1418년에 돔 건설을 위한 공모전이 열렸습니다. 그 결과 필리포 브루넬레스키의 설계안이 채택되었습니다. 그리고 마침내 1434년, 돔이 완성됩니다. 꼭대기의 랜턴[1]은 1461년에 완성되었고, 대성당 서정면의 재건축은 1887년에야 끝났습니다. 이처럼 많은 사람의 분투 끝에 대성당이 완공된 것입니다.

채택된 브루넬레스키의 돔 설계안은 독립된 이중 구조를 차근차근 쌓아 올리는 방식이었는데, 비계[2]가 없는 공사라는 점에서 획기적이었습니다. 이중 구조 때문에 지붕이 무거워진다며 걱정하는 사람들이 많았으나 이 거대한 돔은 지금까지 아무 문제없이 잘 버티고 있습니다.

---

1   채광창. 돔 꼭대기에 채광과 장식 목적으로 올려놓은 탑 모양의 조형물을 가리킬 때도 많다.
2   높은 곳에서 공사를 할 수 있도록 임시로 설치한 가설물.

27	바티칸 대성당에 숨어 있는 콜로세움의 흔적 **산피에트로 대성당(1506 기공)**	르네상스 오더 브라만테 미켈란젤로

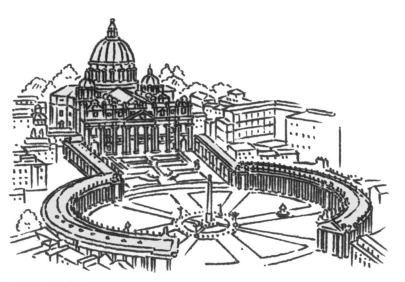

산피에트로 대성당

15세기 유럽에서 가장 풍요로운 도시였던 피렌체에서 르네상스 건축이 시작되었습니다. 상업이 발달한 덕분에 생활에 여유가 생긴 상인과 귀족들이 교양을 갖추고 문화 운동에 앞장섰기 때문입니다.

그들은 고대 로마의 고전 문화를 재조명했고, 그래서 '로마를 본받자'라고 주장했습니다. 하지만 르네상스 기술자들의 경험

로마

교회

과 관례에 비추어 신전이나 욕장으로 대표되는 로마 건축만으로는 교회나 저택을 르네상스화하려는 시대의 요구에 부응할 수 없었습니다.

그래서 이성과 이론을 바탕으로 스스로 연구하고 설계할 수 있는 건축가가 필요했습니다. 그렇다면 이 시기에 만들어진 르네상스 건축물에는 구체적으로 어떤 특징이 있을까요?

그쯤은 간단하지!
참고로 르네상스는
'재생'을 뜻해.

레오나르도 다빈치
(1452~1519)

집중식 교회당 연구
(다빈치 《파리 필사본》)

특징 ① 고대 건축의 '오더' 부활

르네상스 시대에 이상적으로 여긴 가치는 정수 비례와 음악적 비례 등의 규칙성이었다. 고대 유적과 비트루비우스의 《건축서》를 통해 '오더는 조화와 비례의 시스템'이라는 사실이 밝혀지면서, 미의 근원인 오더*야말로 새로운 건축의 이상적인 구성 요소라고 생각하게 되었다.

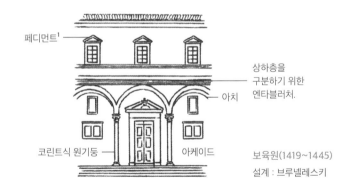

페디먼트¹

상하층을
구분하기 위한
엔타블러처.

아치

코린트식 원기둥

아케이드

보육원(1419~1445)
설계 : 브루넬레스키

● 원래 고대 로마의 오더는 아치를 지탱하지 않는 것이 원칙이었다. 이에 대한 잘못된 인식은 나중에 바로잡혔다.

특징 ② 비례와 조화의 미 추구

오더의 비례에 근거하여 건물의 전체 치수를 결정했다.

팔라초[2] 루첼라이를 보면, 일단 코니스를 활용해 공간을 수평으로 분할한다. 그리고 오더의 필라스터를 활용해 공간을 수직으로 분할한다. 각층의 비율, 창의 배치도 오더의 원리에 따라 결정했다. 그야말로 콜로세움의 방식을 똑같이 따른 것이다.

르네상스 건물은 장식 오더 및 그에 기초한 비례 계산 결과에 따라 수평, 수직으로 분할됨으로써 조화의 미를 드러낸다.

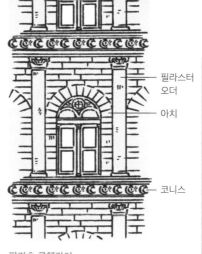

필라스터 오더

아치

코니스

팔라초 루첼라이
설계 : 알베르티

특징 ③ 바실리카식 + 집중식의 해답

하늘을 상징하는 원, 완전한 형태인 정사각형과 정다각형은 인간의 이성, 우주의 구성과 조화를 이루므로 교회당에 어울린다고 여겨졌다. 그러나 실제 예식에는 바실리카식이 더 적합했다.

그 난제를 해결한 건물이 세계 최대 규모의 가톨릭 성당인 바티칸 산피에트로 대성당이다.

바티칸에 있는 산피에트로 대성당은 압도적인 박력과 깊이감, 거대 돔의 중심성을 동시에 실현한 건축물입니다.

산피에트로 대성당 내부에는 오더를 다시 사용했고 엔타블러처로 수평축을 강조했습니다. 천장은 볼트와 돔으로 이루어져 있으며, 큰 돔과 네 개의 작은 돔 밑에 그리스 십자식 예배실(16 참조)이 펼쳐져 있습니다. 미켈란젤로*가 만든 이 공간은 후기 르네상스의 걸작으로 일컬어지고 있습니다.

- 산피에트로 대성당은 공사 기간이 너무 길어서 도중에 건축가와 설계안이 여러 번 바뀌었다. 브라만테(a안) → 라파엘로 산치오(b안) → 안토니오 다상갈로(c안) → 미켈란젤로 부오나로티(d안)

산피에트로 대성당 내부

여기서 중세 사회와의 결정적인 차이점을 찾을 수 있습니다. '신뿐만
아니라 인간도 중심'이라는 르네상스의 사상입니다. 이처럼 르네상스
는 유럽의 문화사와 정신사의 방향성을 확 바꿔 놓으며 예술과 함께 무
한하게 발전해 나갔습니다.

---

1   고대 그리스 신전의 박공지붕 또는 박공지붕 모양의 장식.
2   중세 이탈리아의 도시국가 시대에 세워진 정무 시설 또는 귀족의 저택을 이르
     는 말. 라틴어 팔라티움(palatium)에서 파생되었다.

샹보르 성(1519~1547)

샹보르 성

프랑스의 샹보르 성에는 이중 나선 계단이 있습니다. 내려오는 사람과 올라가는 사람이 서로 마주치지 않고 3층까지 다닐 수 있는 이런 구조는 당시의 다른 건축물에서 찾아볼 수 없습니다. 이 계단의 설계에는 성주인 프랑수아 1세와 친분이 있었던 레오나르도 다빈치가 관여했을 것으로 추정됩니다.

이 계단에 다빈치가 구상했던 '이상 도시'의 일부가 구현되었다고 말하는 사람도 많습니다. 그 이상 도시란 과연 무엇이었을까요?

다빈치는 르네상스를 대표하는 화가이자 다양한 발명품을 고안한 과학자로 알려져 있으며 그의 구체적인 아이디어가 《필사본》에 남아 있습니다.

《필사본》이란 다빈치가 남긴 메모와 스케치를 말하는 것으로, 지금까지 전해지는 것만 해도 10권 이상 됩니다. 내용은 회화, 수학, 해부, 기계공학 등 다양한 분야를 망라하는데, 그중에 '이상 도시'에 관한 내용이 있습니다.

1484~1485년에 여느 도시와 같이 밀라노에서도 전염병인 페스트가 대유행했습니다. 원인은 인구 과밀화에 따른 비위생적 환경이었을 것입니다. 다빈치는 이 문제를 해결할 아이디어를 《파리 필사본 B》에 남겼습니다.

그는 일단 도로를 입체적으로 나누었습니다. 첫째는 수레 등 운반 수단이 다니는 지상 도로로, 주택의 뒤뜰이나 주방으로 통하게 되어 있습니다. 둘째는 사람이 다니는 지상 3.6미터 높이의 길로, 주택 2층의 응접실로 통했습니다. 그리고 또 하나는 오물과 쓰레기 등을 물로 씻어내는 지하 공간의 수로였습니다.

다빈치는 20세기 근대 도시 계획과 비슷한 아이디어를 그보다 약 400년 전에 이미 구상했던 것입니다.

이처럼 도로를 구분하는 방식으로 도시 기능을 개선하려 했던 다빈치는 주거 과밀 상태를 해결하기 위해 그 아이디어를 실현하려고 애썼습니다. 그림에 그려진 '이상 도시의 4층 주택'에는 네 개의 입구와 네 개의 계단이 설치되어 있습니다. 모든 계단을 나선 모양으로 설계하여 각층 세대를 독립시킴으로써 과밀 도시에서도 쾌적하고 위생적으로 생활할 수 있도록 한 것입니다.

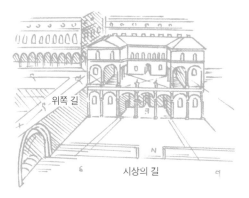

다빈치가 구상한 이상 도시
(《파리 필사본 B》 16쪽)

단면도(《파리 필사본 B》 36쪽)

위쪽 길, 땅 위의 길, 땅 밑의 수로 등 3중 구조로 되어 있다. 수로를 구상할 때는 배로 물자를 나르는 경우까지 염두에 두었다.

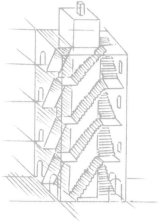

이상 도시 4층 주택
(《파리 필사본 B》 47쪽)

각 세대에 독립된 계단이 설치되어 있다.

샹보르 성의 이중 나선 계단
샹보르 성에 구현된 '이상 도시'.

르네상스기에 여러 건축가와 과학자들이 이상 도시를 구상했지만, 대부분은 유토피아 같은 이미지에서 벗어나지 못했습니다. 반면 다빈치는 확고한 과학적 식견과 합리성을 갖추고 있었습니다.

이상 도시는 규모가 너무 커서인지 실현되지 못했습니다. 다만 샹보르 성의 이중 나선 계단만이 다빈치의 '이상 도시' 아이디어가 구현된 유일한 결과물로 전해지고 있습니다.

식상함을 벗어난 디자인

르네상스 건축
줄리오 로마노
마니에리즘

팔라초 델테(1535)

팔라초 델테

15세기에 시작된 르네상스는 고대 로마 건축을 본보기로 삼아 활동하면서 서유럽 전역에 일대 선풍을 일으켰습니다. 그러나 16세기가 되자 사람들이 르네상스에 반감과 위화감, 지루함 등을 느끼기 시작했으므로 그 안정감을 무너뜨리기 위한 새로운 기법이 필요해졌습니다. 이기법을 마니에리즘(매너리즘)이라 합니다.

마니에리즘의 큰 특징 중 하나가 양식을 변형하거나 규범을 일탈하는 표현입니다. 그 특징이 가장 잘 드러나 있는 건축물이 이탈리아 북

부 만토바에 있는 팔라초
델테입니다.

당시 만토바는 군주가 있
는 후국이었지만 영토도 작
고 정치적으로 불안했으므
로 지적, 예술적 성과를 다
른 나라에 보여 줄 필요가

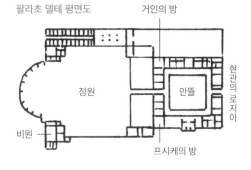

팔라초 델테 평면도

거인의 방

정원

안뜰

현관의 로지아

비원

프시케의 방

있었습니다. 그래서 당시 군주 페데리코 2세 곤차가의 명을 받아, 이후 곤차가 가문의 예술가가 된 줄리오 로마노가 팔라초 델테를 설계한 것입니다.

이 저택은 평면도만 보면 단정한 안뜰이 있는 고전적이고 안정된 건물로 보입니다. 그러나 자세히 들여다보면 줄리오 로마노가 다양한 일탈을 시도했음을 알 수 있습니다.

삼각 지붕이 덮인 개구부의 페디먼트를 예로 들어 볼까요?(136쪽) 잘 보면, 창을 구성하는 중요 부품인 쐐기돌[1]이 본래 있어야 할 곳보다 약간 위로 올라가 있는 탓에 꼭대기에 틈새가 생긴 것을 알 수 있습니다.

또 그 상부의 트리글리프[2]는 아래로 흘러내리는 것처럼 보입니다. 이것들은 전부 의도적으로 만들어진 일탈 디자인입니다.

쐐기돌과 트리글리프는 구조적으로 매우 중요한 부재이므로, 보는 사람은 건물이 무너질 것 같아서 놀라게 됩니다. 이것이 바로 줄리오 로마노가 의도한 바였습니다.

그러나 이것은 튼튼한 구조체 위에 스투코(회반죽)로 만들어 붙여 놓은 장식물입니다. 르네상스에 식상함을 느끼던 당시 사람들은 로마노의 '일탈 디자인'의 예술적 가치를 높게 샀습니다.

135

팔라초 델테에 적용된 마니에리즘

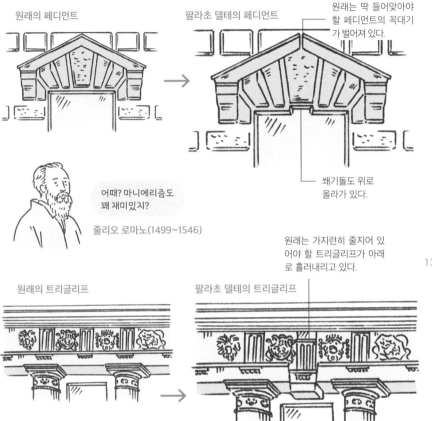

원래의 페디먼트

팔라초 델테의 페디먼트

원래는 딱 들어맞아야 할 페디먼트의 꼭대기가 벌어져 있다.

쐐기돌도 위로 올라가 있다.

어때? 마니에리즘도 꽤 재미있지?

줄리오 로마노(1499~1546)

원래는 가지런히 줄지어 있어야 할 트리글리프가 아래로 흘러내리고 있다.

원래의 트리글리프

팔라초 델테의 트리글리프

　이후로도 새로운 양식이 유행했다가 쇠퇴하는 역사가 반복되는 과정을 보면, 쇠퇴기마다 쇠락한 건축물이나 폐허가 예술 소재로 등장하는 것을 알 수 있습니다.

1　아치 구조의 꼭짓점에 위치한 쐐기 모양의 돌. '키스톤' 또는 '종석(宗石)'으로도 불린다.
2　triglyph. 고전 건축에 자주 쓰인 프리즈의 일부로, 세 줄의 세로 홈이 있는 무늬를 말한다. '트라이글리프', '트리글리포스'라고도 함.

빌라 로톤다(1550 기공)

137

빌라 로톤다

    르네상스인이 사랑했던 수학 이론에는 구체적으로 어떤 것이 있을까요? 여기서는 그중 가장 유명한 '황금비'를 소개하겠습니다.

    르네상스인은 이 황금비와 음악적 비례 이론 등 다양한 이론을 조형 원리 삼아 아름다운 작품을 만들어 냈습니다.

    그중에서도 르네상스를 대표하는 건축가 안드레아 팔라디오는 수학, 음악에 기초한 건축 비례를 추구하고 르네상스 건축이 지향했던 고전과 고대의 재생에 힘썼습니다.

이것이 황금비를
이룬 직사각형이야.
정말 쉽지?

가로세로 비율은
1:1.61이군.

◆ 황금비를 만드는 법

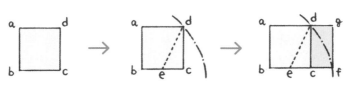

정사각형을 그린다.

변 bc의 절반 지점 e를 중심으로 하고 변 ed를 반지름으로 하는 원을 그린다.

선 bc를 늘려서 직사각형 abfg를 그린다.

베네치아는 교역으로 번영한 도시였으나 15세기 중반부터는 귀족들이 베네치아에 가까운 비첸차에서의 농업에 관심을 갖기 시작했습니다. 그래서 귀족들이 농촌에서 지내기 위해 활발하게 건축한 건물이 빌라였습니다.

그중에서도 팔라디오가 수학적 조화의 아름다움을 더하여 완성한 걸작이 빌라 로톤다입니다.

이 저택은 신전을 본뜬 파사드를 사방에 똑같이 조성하여 대칭성과 구심성을 극대화한 것이 특징입니다. 이 신전풍 파사드는 팔라디오의 영향으로 전 유럽에 퍼져 나갔습니다.

빌라 로톤다의 도면에는 비례를 나타낸 숫자가 쓰여 있습니다. 그 대부분에서 음악의 화음과도 유사한 폭, 높이, 길이의 비례를 확인할 수 있습니다. 또, 거기에 우주의 조화를 표현하는 이상적인 도형인 정사각형과 원형이 조합되어 있습니다. 팔라디오는 이론뿐만 아니라 실천까

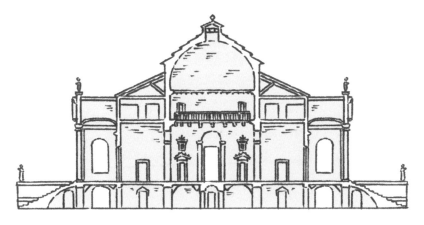

빌라 로톤다 단면도

'빌라'란 르네상스기에 도시 근교에 지어진 별장(혹은 영주의 집)을 말한다. 도시의 저택은 '팔라초'라고 한다. 로톤다는 '지붕이 있는 원형의 넓은 공간'을 의미한다.

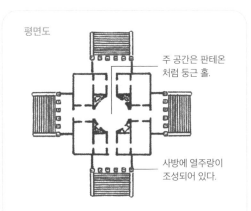

평면도

주 공간은 판테온처럼 둥근 홀.

사방에 열주랑이 조성되어 있다.

✦ 팔라디오의 건축술

1 열주랑의 엔타블러처가 벽면까지 이어져 있다. 이처럼 오더의 원리가 건물 전체에 골고루 미쳐 있으므로 통일감이 느껴진다.

2 도형을 치밀하게 조합했는데도 이오니아식 원기둥 덕분에 전체적인 분위기는 부드럽다.

나는 석공이었다가 건축가가 되었지!

안드레아 팔라디오
(1508~1580)

베네치아 근교에서 활약했던 건축가. 수학 이론의 비례에 기초하여 지은 건물들뿐만 아니라 《건축서》 등 뛰어난 자료도 남겼다. 후세에 많은 영향을 끼쳐 영국에서는 '팔라디오주의'라는 사상까지 생겨났다.

지도 무척 탁월했던 것입니다. 이전에 이만큼이나 우주적 조화를 실현한 건물은 없었습니다.

팔라디오의 이론과 건축은 너무나 훌륭해서 20세기 직전까지 건축의 표본처럼 여겨졌습니다. 1930년에 르코르뷔지에가 지은 빌라 사보아(57 참조)에서도 빌라 로톤다와의 유사성이 발견됩니다. 건축은 시공간을 초월하여 수많은 사람과 사물, 사건에 영향을 미칩니다. 르네상스의 이상적 건축으로 불리는 빌라 로톤다에서 그 사실을 실감합니다.

31

캄피돌리오 광장에서 만난 미켈란젤로

팔라초 데이콘세르바토리(1561~1584경)

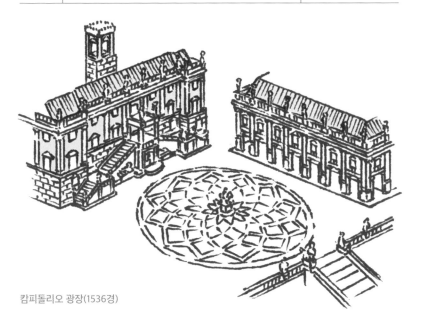

캄피돌리오 광장(1536경)

르네상스 건축은 16세기 중반에 완숙기를 맞았습니다. 그래서 당시 지어진 부유한 시민의 저택 또는 정무 시설로 쓰였던 팔라초에는 더욱 치밀해진 고전, 고대의 건축 언어가 확연하게 드러나 있습니다.

로마 시내 캄피돌리오 광장에 위치한 팔라초 파르네제를 살펴봅시다. 장식성이 강한 에디쿨라(로마 시대의 작은 사당)형 창을 나열해 고전미를 강조하고 있습니다. 원기둥이 지지대 위에 올라가 있는 모습, 창 받침대와 수평대가 합쳐진 모습도 콜로세움과 같습니다. 당시 건축가들

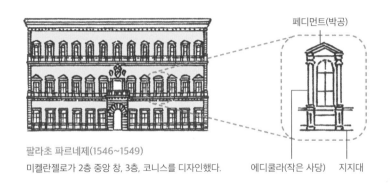

페디먼트(박공)

에디쿨라(작은 사당)　　지지대

팔라초 파르네제(1546~1549)
미켈란젤로가 2층 중앙 창, 3층, 코니스를 디자인했다.

은 이런 요소를 통해 격식 있는 르네상스 건축을 보여 주려 했던 것입니다.

그러나 사람들이 '고대보다 더 나은 것을 만들어 냈다'라고 인정하기 시작하자 건축의 목표가 사라져 버렸습니다. 그래서 예술가들은 답답한 상황을 타개하기 위해 다양한 기법(마니에르)으로 눈을 돌리기 시작합니다.

그때 한 천재가 등장하여 새로운 흐름을 만들어 냅니다. 바로 미켈란젤로입니다.

자이언트 오더로 이루어진 마니에리즘 건축물에서 미켈란젤로가 만들어 낸 새로운 흐름을 읽을 수 있습니다.

이전의 오더는 하나의 층 안에 머물렀고, 엔타블러처 등의 부재가 층을 구분했습니다. 그러나 놀랍게도, 미켈란젤로는 팔라초 델세나토레에서 수평 구분을 없애고 2층까지 이어진 '자이언트(대형) 오더'를 만들었습니다. 전처럼 파사드를 잘게 분할하지 않고 기단 위에 세로축을 강조하는 자이언트 오더를 나열하여 품격이 느껴지는 새로운 표정을 만들

요즘 데이트
패턴이 똑같아.

매너리즘
(마니에리즘)이네.

미켈란젤로 부오나로티
(1475-1564)

스스로는 조각가라고 말했
지만, 회화와 건축에도 천재
적이었다. 무려 일흔이 넘은
나이에 산피에트로 대성당
의 설계를 맡는다.

〈최후의 심판〉, 〈다비드상〉 등

어 낸 것입니다.

그리고 팔라초 데이콘세르바토리에서는 자이언트 오더로 파사드를
세로 방향으로 분할하는 동시에 중형 오더와 소형 오더를 함께 사용함
으로써 벽면에 기분 좋은 리듬감을 주었습니다.

자이언트 오더의 등장으로 르네상스 건축의 특징이었던 수평적 분

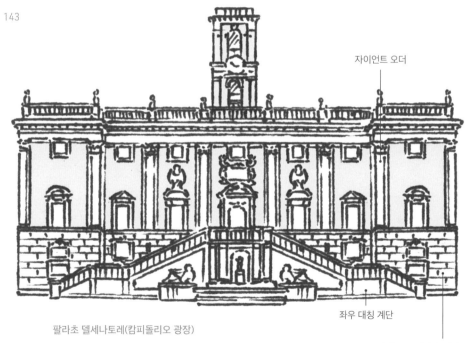

자이언트 오더

좌우 대칭 계단

팔라초 델세나토레(캄피돌리오 광장)

루스티카[1]로 마감하여 기단
처럼 보이도록 했음.

소형 오더

중형 오더　　　자이언트 오더

팔라초 데이콘세르바토리
(캄피돌리오 광장)

할이 '수직적 분할'로 바뀌었고 건물의 외관이 역동적으로 변했습니다. 이 역사적 발명은 후대 건축가들에게까지 영향을 미칩니다.

비잔틴과 로마네스크, 고딕 건축은 내부 공간을 '성스러운 곳'으로 의식했습니다. 한편 르네상스와 마니에리즘 건축은 '외부의 시선'을 의식했다는 점이 다릅니다. 팔라초 델 세나토레와 팔라초 데이콘세르바토리가 있는 캄피돌리오 광장을 보면, 전체 평면은 사다리꼴이고 바닥에는 큰 타원이 그려져 있습니다. 전체적으로 마니에리즘 양식으로 통일되어 있으면서도 형태와 배치에서 역동성이 느껴지는 것을 보면 다음에 등장할 바로크 건축의 기운이 느껴집니다. 어느 시대든, 건축물은 사람들을 다음 시대로 인도하는 길잡이 역할을 해 왔습니다.

1　돌에 요철을 만드는 외벽 장식 기법의 일종.

32

종교 개혁, 건축의 흐름을 바꾸다

산카를로 알레 콰트로 폰타네 교회당(1638~1667)

르네상스 건축
바로크
프란체스코 보로미니

산카를로 알레 콰트로
폰타네 교회당

바로크는 '종합 예술'로도 불립니다. 방대한 지식과 경제력을 요구했던 이 양식은 처음에 어떻게 생겨났을까요?

산피에트로 대성당(27 참조)을 건설할 무렵, 가톨릭교회는 건설 자금을 조달하려고 면죄부를 판매했습니다. 이에 마틴 루터가 '부당하다'라며 이의를 제기했습니다. 여기서 반가톨릭 운동이 시작되었고 종교 개혁이 일어났습니다[•]. 이에 큰 위기감을 느낀 가톨릭교회가 민중의 마음을 붙잡기 위해 사람들

가톨릭교회가
돈을 너무 헤프게
쓰는 것 아니야?

마틴 루터(1483~1546)

● 이때 탄생한 새로운 종파를 프로테스탄트(개신교)라고 한다.

◆ 르네상스 건축과 바로크 건축

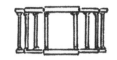

르네상스 건축

- 규칙적인 반복.
- 일정한 리듬.
- 원, 정사각형 등 정적
  이고 완결된 도형.
- 균등

바로크 건축

- 강약의 변화가 있는 리듬.
- 규칙에서 벗어난 움직임.
- 타원 등 수축과 팽창을 연상
  하게 만드는 도형.
- 움직임

구체적으로는
· 자이언트 오더(31 참조)
· 파사드의 입체화
· 오더의 입체감 조작 등의
  차이점이 있지요.

의 감정에 호소하는 연출을 통해 예식의 분위기를 극적으로 고조시키
려 했습니다. 이것이 바로크의 시작이었습니다.

그렇다면 가톨릭 세력의 무대가 된 건물들은 구체적으로 어떻게 만
들어졌을까요?

내부에서는 엔타블러처를 사용하여 벽면, 돔, 볼트를 수평 분할했습
니다. 그 힘찬 리듬감 덕분에 바로크 시대 사람들의 인기를 얻었습니
다. 이런 공간은 수직 방향으로 상승하는 고딕 공간과는 전혀 다른 분
위기를 냅니다.

이처럼 극적이고 격렬한 분위기를 연출하는 로마 바로크를 대표하
는 건물이 산카를로 알레 콰트로 폰타네 교회당입니다.

**돔을 중앙에 올리는 집중식을 선택하여 르네상스 건축의 이상을 실
현하는 동시에 바실리카식의 편리함까지 갖춘, 정점을 지향하는 공간
입니다.**

내부에서 천장을 보면 십자형, 정육각형, 정팔각형 격자가 들어간 돔

콰트로 폰타네 교회당 내부

지붕이 타원으로 통합된 모습에서 역동성이 느껴집니다. 또 구불거리는 복잡한 벽면을 강력한 엔타블러처가 두르고 있고 코린트식 오더가 균형 있게 배치되어 있습니다. 이처럼 안팎으로 곡면을 최대한 활용하고 그것들을 전체적으로 통합함으로써 환상적인 분위기를 내는 데 성공한 놀라운 실력자는 바로크를 대표하는 건축가인 프란체스코 보로미니입니다.

프란체스코 보로미니
(1599~1671)
바로크를 대표하는 건축가.

바로크 건축에서는 회화, 조각, 건축이 혼연일체가 되어 훌륭한 볼거리를 제공합니다. 로마 시내를 둘러보면 기념비인 오벨리스크, 당장이라도 살아 움직일 듯 생동감 넘치는 조각과 분수가 놓인 광장, 호화로운 건물들을 아름다운 도로가 하나로 연결하고 있습니다. 즉 도시 자체가 바로크 축제의 무대가 된 것입니다.

로마가 가톨릭 개혁의 정신을 고취하여 세계로 크게 뻗어 나가기 위해서는 건축의 힘이 꼭 필요했던 것입니다. 그 결과, 바로크는 유럽 전역에 유례없는 기세로 퍼집니다. 또한 이 시기에 스페인, 영국, 포르투갈이 남북 아메리카, 아시아, 아프리카 등 세계로 진출한 덕분에 바로크 건축은 더욱 빠르게 전 세계로 퍼져 나갔습니다.

33	루이 14세의 질투를 부른 아름다운 성	바로크 고전주의 루이 르보 니콜라 푸케

보르비콩트 성(1657~1661)

보르비콩트 성
양팔을 펼친 듯한 역동성이
그야말로 바로크적이다.

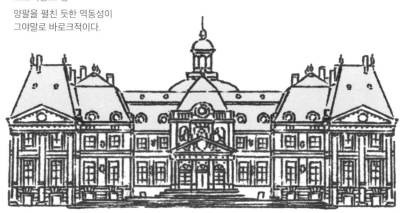

'샤토'라는 말을 듣자마자 고기나 와인을 떠올린 사람이 많겠지만, 프랑스어권의 건축계에서 샤토라고 하면 교외에 있는 귀족의 성을 가리킵니다(도시의 저택은 '오텔'이라고 함).

샤토브리앙! 맛있군.

프랑스는 샤토브리앙'의 산지다.

강력한 중앙 집권 국가를 이룬 17세기 프랑스는 자국에 어울리는 건축 양식을 모색했습니다. 이때, 반고전주의로 분류되는 폰타네 교회당에서부터 서양 건축의 새로운 흐름인 로마 바로크(32 참조)가

루이 르보(1612~1670)
국왕의 수석 건축가. 보르비콩트
성, 베르사유 궁전 등을 설계.

시작되었습니다. 프랑스 건축가들은 이때부터 오더의 정확한 비례와 올바른 고전 기법에 바탕을 두고 지적이고 합리적인 고전주의 건축(자세한 내용은 36 신고전주의 참조) 양식인 프랑스 바로크를 추구했습니다. 즉, 프랑스 바로크는 고전주의적 요소가 강하다고 할 수 있습니다.

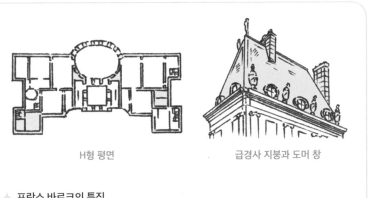

H형 평면 · 급경사 지붕과 도머 창

◆ **프랑스 바로크의 특징**
- 저택의 기본은 H형 평면.
- 반원형 페디먼트로 장식된 창.
- 도머 창[2]이 달린 급경사 지붕 등이 있다.
- 정적이고 직선적인 것이 특징이다.

또 한 가지 중요한 사실은 새로운 예술의 특징을 판단할 만한 식견을 갖춘 부르주아 계급이 프랑스 바로크의 샤토(귀족의 성)를 지었다는 것입니다.

그런 샤토 중에서도 루이 14세 시대 재무장관인 니콜라 푸케의 보르비콩트 성이야말로 건물, 정원뿐만 아니라 장식 회화 등 내부 장식까지

보르비콩트 성(정원 쪽)
로마 바로크에서 이어받은 타원형 돔과 벽면의 돌출부가 한층 더 눈길을 끈다.

스투코로 만든 먹음직한 과일 장식(침실 천장)
스투코(소석회에 대리석 가루 등을 섞은 재료) 장식과 트롱프뢰유(눈속임 그림)를 활용한 것도 로마 바로크의 특징. 내부 장식은 샤를 르블랑이 맡았다.

151

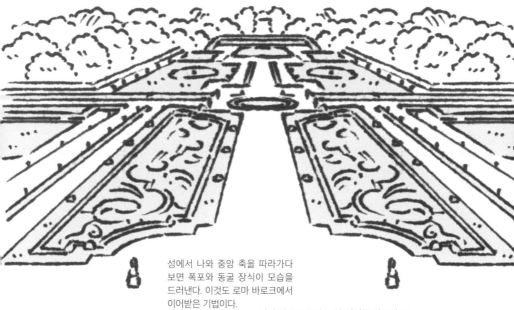

성에서 나와 중앙 축을 따라가다 보면 폭포와 동굴 장식이 모습을 드러낸다. 이것도 로마 바로크에서 이어받은 기법이다.

서양 최고로 꼽히는 이 정원은 앙드레 르노토르가 담당했다. 무한히 뻗은 듯 보이는 중앙 축, 자수 화단, 연못, 운하 등이 기하학적으로 조합된 프랑스식 정원이다.

삼박자를 골고루 갖춘 수작이라 할 수 있습니다. 보르비콩트 성이 어찌나 훌륭했는지, 루이 14세가 그보다 더 나은 성을 짓기 위해 비콩트 성을 지었던 세 명의 예술가를 자신의 성을 건설하는 데 그대로 등용할 정도였습니다. 그 결과 만화경처럼 다양한 양식을 보여 주는 눈부신 흰 벽의 건물, 베르사유 궁전이 완성되었습니다.

---

1   프랑스식 비프스테이크.
2   통칭 뻐꾸기 창. 뻐꾸기시계의 뻐꾸기가 나오는 부분과 비슷해 보인다.

| 태양왕의 궁전에 없었던
한 가지

베르사유 궁전(신관에서 거울의 방까지 1668~1684)

루이 13세의 작은 성
당시 흔했던 재료인 적벽돌에 크림색 마름돌을 섞어 쓴 외관.

　태양왕으로 불렸던 루이 14세. 그의 시대에 전성기를 맞은 절대 왕정은 정치적, 문화적 패권을 완전히 거머쥐는 데 성공했습니다. 당시 프랑스인들이 건축, 조각, 회화, 문학, 음악 등 각 분야에서 프랑스 양식을 추구한 덕분에 현재까지도 그 시대의 권위와 사상, 의례와 생활이 뚜렷이 전해지고 있습니다. 그 대표적인 사례가 베르사유 궁전입니다.

　베르사유 궁전은 루이 14세가 루이 13세에게서 물려받은 작은 성을 증축한 것입니다. 앞에서 말했듯이, 그 계기는 비콩트 성의 건축이었습니다.

질투 나니까 나도 지어야겠다. 절대적 권위를 세상에 보여 주겠어.

건축가여, 그래도 부왕의 작은 성을 무너뜨려서는 안 되네. 대신 프랑스다운 새로움을 부탁하겠네.

루이 14세(1638~1715)

작은 성은 원래 루이 13세가 사냥을 끝내고 쉴 곳으로 마련해 두었던 별장이지. 낡아서 철거하고 싶지만 어쩔 수 없군.

루이 르보

루이 13세의 작은 옛 성을 둘러싸는 형태(당시에는 앙벨로프[1]로 불렸음)로 이 새로운 성, 즉 베르사유 궁전을 완성한 사람은 루이 르보입니다.

그런데 평면을 보면 무언가가 이상합니다. 그렇습니다. 베르사유 궁전에는 복도가 없었습니다. 이것은 근세에 지어진 궁전들의 특징입니다[2]. 이렇게 연결된 일련의 공간을 '아파르트망'[3]이라 합니다. 천장에는 비콩트 성에서는 볼 수 없었던, 태양신 아폴론의 신화를 표현한 그림이 그려져 있습니다. 왕의 영광을 회화, 조각, 건축이라는 불변의 예술로 남기려 했던 의지를 여기서도 엿볼 수 있습니다.

154

완벽해. 어느 쪽에서 보아도 새로운 성이구나.

완성된 신관의 2층 평면

왕의 침실에 그려진 태양신은 '관대함과 웅장함', 즉 왕의 다양한 미덕을 나타낸다.

정원 분수의 조각
아폴론의 용맹한 모습을 통해 나라를 위해 힘쓰는 왕의 미덕을 표현했다.

야외 연회의 모습

베르사유에서는 야외 축제와 연회가 자주 열렸는데, 그럴 때마다 광대한 정원과 궁전 자체가 거대한 무대 연출 장치가 되었습니다. 거금을 들여 리에주 주교국(벨기에)에서 기계[4]를 수입하고 장인[5]을 초빙해서 만든 분수도 매우 유명합니다. 아무래도 베르사유 궁전에서 가장 유명한 것은 거울의 방이겠지요.

여기서 주목할 것은, 그림과 조각의 주인공이 원래는 태양신이었다가 점점 루이 14세 자신으로 바뀌어 간다는 사실입니다.

정원에도 원래는 태양신의 조각을 많이 두려고 했으나 예술 작품으로 가치 있는 고대 조각이 점점 늘어납니다. 즉 루이 14세의 신격화, 고전과 고대의 승리를 선언한 것입니다. 이렇게 모든 것이 강렬했던 베르사유 궁전은 건축은 물론 회화, 조각, 음악, 연극, 생활상까지 전부 바로

155

◆ 베르사유 궁전의 영향

1 다양한 건축 양식과 왕궁을 둘러싼 정치·경제·사상·사회적 사건 등을 보여 주는 이곳은 그야말로 시대의 만화경이다.

2 모든 유럽인이 베르사유 궁전을 동경했으므로 17세기부터 약 반세기 동안 유럽 전역에 수많은 궁전이 지어졌다.

3 베르사유 궁전이 너무 장중하다는 이유로 별궁인 그랑 트리아농과 프티 트리아농이 조성되었다.

4 바로크의 허세를 비판했던 사람들이 로코코를 도입했다.

5 신고전주의의 예고.

너무 사치를 부렸나? 픽처레스크를 추구해야겠군.

마리 앙투아네트

베르사유 궁전에서 가장 웅장한 거울의 방

크적이었다고 할 수 있습니다. 루이 14세의 시대는 이렇게 정점에 도달합니다.

그러나 시대는 변하기 마련입니다. 호화로운 장식으로 가득했던 베르사유 궁전은 프랑스 혁명을 일으킨 원인 중 하나로도 꼽힙니다.

그러나 그리스와 로마 시대를 생각해 봅시다. 번

영한 국가가 새로운 건축, 예술, 기술, 문화를 만들어 낸 덕분에 후손들이 풍요를 누리게 된 것도 사실입니다. 이처럼 역사는 어떤 시대든 양면적인 모습을 갖고 있습니다.

---

1 enveloppe. 프랑스어로 '덮개, 싸개'.

2 복도가 없이 방과 방 사이의 문을 창문 가까이 일직선으로 배치하여 사람이 자유로이 통행하도록 한 구조를 앙필라드(enfilade)라고 하는데 르네상스 이후 바로크 시대의 저택, 궁전 건축에서 많이 볼 수 있다. 복도는 사생활이 중시되기 시작한 18~19세기에 처음 등장했다고 한다.

3 appartments. 영어로는 '아파트먼트'. 복도의 유무와 관계없이 한 건물에 방 여러 개가 모여 있는 구조를 일컫는 말. 현대에도 '집합주택'을 일컫는 말로 쓰인다.

4 Machine de Marly. 마를리 기계. 원래 과학에 관심이 많고 혁신적인 발상의 소유자였던 루이 14세는 과학 아카데미와 파리 천문대를 창설했을 뿐만 아니라 미디 운하를 건설하여 해적을 막고 항해 시간을 단축했다. 그는 또한 베르사유 궁전의 골칫거리인 물 부족을 해결하고 분수를 항상 틀어 놓기 위해 센 강의 물을 수도교로 끌어오는 장치를 개발했는데, 그중 가장 유명한 것이 마를리 성 근교에 설치된 거대한 양수 장치인 '마를리 기계'였다. 이 기계는 잦은 고장과 지독한 소음에도 불구하고 1817년에 증기식 기계로 대체될 때까지 133년간 정원에 있는 2400개의 분수에 물을 공급했다고 한다. 또, 일설에 따르면 베르사유 궁전 건설비의 3분의 1이 정원과 분수에 들어갔다고 한다.

5 벨기에 엔지니어 아르노 드빌과 레네캉 수알렘(Rennequin Sualem).

35

사적 공간의 즐거움을 추구한 로코코의 걸작

오텔 드수비즈(1735~1737)

로코코 회화(《그네》, 프라고나르, 1767)
루이 15세가 밝은색을 좋아했던 데다 취미로 자수를 즐겼던 덕분에, 로코코
양식은 건축뿐만 아니라 회화, 식기, 공예품까지 영향을 미쳤다.

    루이 14세 시대의 호화로운 장식에 대한 반감과 답답한 궁정에서 멀어지고 싶다는 생각에서 로코코 양식이 탄생했습니다. 이것은 공적인 거대한 공간보다 사적이고 개인적인 쾌적함을 선호했던 당시 사람들의 욕구가 반영된 결과이기도 합니다. 즉 로코코는 실내의 즐거움을 추구하려는 욕구에서 생겨난 양식으로, 허세 많은 바로크와 달리 밝고 섬세하고 우아했습니다.

    로코코에서는 벽면을 분할하기 위해 이전의 원기둥과 필라스터 대신 곡선을 그리는 액자 테두리를 썼다는 점이 중요합니다. 공간을 가득 채운 자유롭고 우아한 곡선에서는 고전 법칙에서 의식적으로 일탈하려는 경향도 엿볼 수 있습니다. 각 없이 둥그스름한 모서리, 직선이 아닌 곡선으로 둘러싸인 로코코식 공간은 전체적으로 부드럽고 아름답습니다.

천장과 벽면의 경계를 모호하게 만들어 실내를 한 덩어리로 통합한 것도 눈에 띕니다. 이것이 바로 로코코의 본질입니다. 특히 천장과 벽면뿐만 아니라 조각, 회화, 가구까지도 혼연일체가 된 오텔 드수비즈는 그야말로 프랑스 로코코의 걸작이라 할 수 있습니다.

막힘없이 매끄러워.

오텔 드수비즈
내부

샹들리에

거울

맞춤 목재로 세공된 바닥

카브리올[1] 의자

로코코 가구의 카브리올은 나중에
직선으로 변하지만, 사람이 편하게 앉기
위한 시트 충전재는 계속 사용되었어.
사람은 쾌적함을 한번 경험하면 다시는
벗어나지 못하는 법이지.

푹신푹신

로코코식
의자

피어첸하일리겐 순례 교회당(1743~1772, 발타자르 노이만)

평면은 바실리카식이지만 중심축 위 천장에 로코코를 연상시키는 타원이 세 개가 줄지어 있다. 교회당 내에는 성인 14명의 제실, 후진의 높은 제단 등 중심이 두 개이다. 크고 작은 타원이 이리저리 구부러지는 모습에서 마치 생물이 살아 움직이는 듯한 역동성을 느낄 수 있다. 한편 르네상스와 바로크에서 공간을 분할하던 엔타블러처와 오더는 존재감이 매우 약해졌다. 이로써 내부 공간 전체가 하나가 되었으니, 그 야말로 로코코적인 공간이다.

학자들

계몽사상이란 이전의 선입견을 버리고 악습을 타파하여 새로운 평등 사회를 만들고자 하는 사상이다.

바로크에 대한 반감에서 생겨난 로코코를 나중에 바로크가 도입한다는 사실도 재미있습니다. 특히 독일 바로크는 로코코의 현혹적인 매력을 탐구하면서 적극적으로 받아들였습니다. 이렇게 탄생한 로코코는 이탈리아, 독일, 스페인으로 급속히 퍼져 나갔습니다.

그런데 언젠가부터 과학적 합리성을 추구하는 목소리, 귀족 전통과 교회의 권위를 비판하는 목소리가 서서히 높아졌습니다. 계몽사상의 시대가 점점 다가오고 있었기 때문입니다.

그래서 '로코코는 경박하고 연약하다', 혹은 '바로크처럼 고전의 본질을 잃었다'라는 비판이 제기되었습니다. 그러면서 엄격하고 단정한 신고전주의 양식이 인기를 끌기 시작했습니다.

---

1   서양 가구의 다리 디자인의 일종. 속칭 '고양이 다리'.

36

파리 한복판에 로마의 판테온이?

생트주느비에브 교회(팡테옹, 1755~1780)

그리스 신전
오더
바로크
자크 제르멩 수플로
마리 앙투안 로지에

생트주느비에브 교회(팡테옹)
파사드에 신전을 연상시키는 페디먼트와 독립 기둥을 활용해 고대의 분위기를 강화했다.

이, 이건 고대 로마의 판테온?

왜 파리에?

바로크와 로코코는 가톨릭 및 왕정 권위의 상징이기도 했으므로 18세기 후반이 되자 반발에 부딪히기 시작합니다. 동시에 이 무렵에는 폼페이 등 고대 로마 유적이 발굴되고 고대 그리스 파르테논 신전의 실측 조사가 진행되는 등 고고학 연구가 크게 진전했습니다.

그래서 '고대 건축의 오더 등 순수한 기법에서 벗어나는 것은 좋지

파에스툼을 찾았어!

그리스 건축은 이런 구조로 되어 있구나.

고고학자
이 시대에 고대 그리스 이후의 역사가 구체적으로 밝혀졌다.

않다'라는 목소리가 높아졌습니다. 또 계몽사상이 확산되고 '고귀한 단순함이야말로 최고의 가치'라고 주장하는 빙켈만 같은 미학자가 등장하자 그리스 예술을 재평가하려는 움직임이 일어났습니다. 그러나 단순히 과거로 회귀하기보다는, 마크 앙투안 로지에 등이 제시한 새로운 미학에 기초해 합리적으로 사고하고 재해석하여 새로운 양식을 만들어 내는 것이 중요했습니다. 그 결과, 정확한 역사와 이론에 근거한 신고전주의를 지향하는 건축 양식이 파리에 등장합니다.

파리의 판테온(팡테옹)으로 불리는 생트주느비에브 교회는 신고전주의의 걸작으로 손꼽힙니다.

프랑스 건축가 자크 제르맹 수플로가 설계한 생트주느비에브 교회는 기둥과 들보의 순수한 구조미가 돋보였습니다. 그러나 원기둥만으로 돔을 지탱하

원시의 오두막(Primitive Hut)
마크 앙투안 로지에 《건축시론》(1755)

기둥, 들보, 박공지붕이라는 최소한의 구성 요소를 아름다움으로 발전시킨 그리스 건축이야말로 미학의 본질이지!

원점으로 돌아가야만 최고의 가치를 실현할 수 있어. 벽체도, 무의미한 장식도 필요 없다고.

마크 앙투안 로지에
(1713~1769)

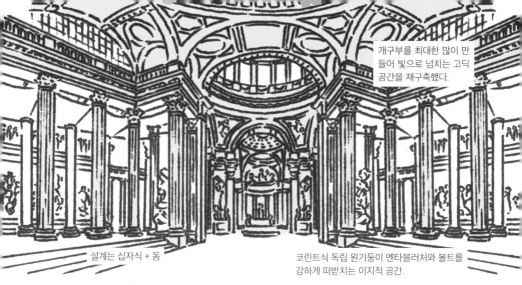

개구부를 최대한 많이 만들어 빛으로 넘치는 고딕 공간을 재구축했다.

설계는 십자식 + 돔

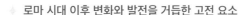

코린트식 독립 원기둥이 엔타블러처와 볼트를 강하게 떠받치는 이지적 공간.

생트주느비에브 교회 내부

순수한 기법에서 벗어난 것은 무엇일까?

◆ 로마 시대 이후 변화와 발전을 거듭한 고전 요소

1 **오더를 벽으로 붙임** 고대 로마 판테온 내부(10 참조)

2 **쌍둥이 기둥** 르네상스 베르사유 궁전 내 구관(루이 13세의 성)의 파사드(34 참조)

3 **자이언트 오더와 소형 오더의 병용** 르네상스 팔라초 데이콘세르바토리(31 참조)

4 **원기둥의 불규칙적 배열** 바로크 산피에트로 대성당 파사드(27 참조)

5 **엔타블러처, 페디먼트의 만곡과 굴절** 바로크 산카를로 알레 콰트로 폰타네 교회 당(32 참조)

6 **필라스터, 원기둥 등의 혼용** 바로크 보르비콩트 성(33 참조)

● 신고전주의는 장식이 과도한 바로크, 로코코에 대한 반감으로 생겨난 양식인 만큼, 장식적 요소가 적을수록 이상적으로 여겨졌다.

거나, 빛이 가득한 공간을 만들기 위해 큰 개구부를 많이 내기에는 구조적으로 무리가 따랐습니다. 그래서 기둥을 한데 모으고 대량의 철재로 구조를 보강한 결과 처음에 생각했던 공간의 질감이 사라져 버렸습니다. 고대 로마인들이 '구조로서의 오더'를 실현하려다 실패한 것처럼, 1500년이 흐른 후 파리의 판테온에서도 그랬던 것입니다.

이 신고전주의의 흐름은 그릭 리바이벌(38 참조), 나아가 고딕 리바이벌(39 참조)로 이어졌습니다. 우리가 이미 과거가 되었다고 생각하는 건축 양식도 언젠가 되살아날지 모릅니다.

37	마리 앙투아네트가 사랑한 공간	신고전주의 고딕 리바이벌 리샤르 미크 픽처레스크

프티 트리아농 아모(1782~1786)

치즈윅 하우스의
풍경식 정원과
기념 조형물
정원 설계: 윌리엄 겐트

산업혁명 이후 공업화가 급속히 진행되면서 도시는 점점 인공 구조물에 파묻히게 됩니다. 그래서 자연에 둘러싸였던 먼 옛날의 환경이나 이국 문화를 동경하는 낭만주의적 경향이 강해졌습니다. 그 결과 픽처레스크라는 건축 양식이 탄생했습니다. 또, 위엄 있고 장중한 신고전주의(36 참조)에 대한 반발로 '자유로움과 자연스러움'을 추구하는 경향도 강해졌습니다.

프랑스 철학자 장 자크 루소가 '사람에게 가장 바람직한 것은 자연이다'라고 주장한 후로 전원생활, 시골 생활이 인기를 끌기도 했습니다.

165

이런 이유로 호화로움의 정점에 다다른 베르사유 궁전 부지 내에 픽처레스크 건물이 지어진 것입니다.

프티 트리아농 아모[1]는 농촌 생활을 동경한 마리 앙투아네트를 위한 별궁입니다. 자연스러운 형태의 연못을 시골풍의 농가가 둘러싸고 있는, 바로크식 정원과 대조되는 풍경이 무척 흥미롭습니다. 건축과 정원뿐만 아니라 당시 생활과 사상에도 이런 경향이 강했음을 알아 두면 좋겠습니다.

자연스러움을 강조하는 풍경식 정원을 탄생시킨 영국에서는 저술가 호레이스 월폴이 스트로베리 힐을 지었습니다. 고딕 건축을 자유롭게 해석하여 지은 이 저택에서는 독특한 분위기를 느낄 수 있습니다. 어딘가 이국적인 정서가 떠도는 것도 재미있습니다. 내부에서는 낭만적인 중세 건축의 전통적인 모티브를 로코코풍으로 재해석하여 장식으로 활용한 것을 알 수 있습니다.

이 무렵 사람들은 따스하고 안정감이 느껴지는 건축 양식을 갈망했

너무 인공적으로 변한 사회에서는 권력, 부, 명성 등 타인의 인정에 얽매이기 쉽지. 자유로워지려면 자연과 좀 더 가까워져야 해.

장 자크 루소
(1712~1778)

◆ 픽처레스크의 특징

① 건물을 둘러싼 정원.
② 여기저기 흩어진 조형물.
③ 구불거리는 물길.
④ 평탄하지 않은 지형.
⑤ 건물은 균질·균등하지 않은 자연스러운 부정형.

베르사유 궁전은 규칙이 너무 많아서 답답하고 피곤해.

픽처레스크를 한마디로 표현하자면 '그림처럼 아름다운 양식'이지!

마리 앙투아네트
(1755~1793)

바로크	양식	픽처레스크
왕궁·교회	**건축**	농가 형태
엄격·규칙적	**성격**	느슨하고 자유로움
기하학식	**정원 형식**	풍경식
자연을 통제함	**자연과의 관계**	자연 그 자체로 보임
화려함	**외양**	소박함

프티 트리아농 아모

스트로베리 힐(1748~1776)

습니다. 엄격한 신고전주의, 냉정한 사회에 맞서 개인적인 취향을 자유롭게 드러낼 무대가 필요했던 것입니다. 그래서 상상력을 자극하는 고대 건축의 기법을 되살리고, 자연스럽고 자유로운 형태의 건축을 추구했으며 자연 그 자체를 소재로 활용한 회화적 건축 경관을 만들어 냈습니다.

이것이 바로 고딕 리바이벌의 기원이 된 픽처레스크 사상입니다. 픽처레스크는 이후 새로운 시대의 다양한 건축물과 정원, 도시 계획에 기본 원리가 됩니다.

---

1   보통 '왕비의 촌락'으로 번역된다. '프티 트리아농'은 별궁의 이름, '아모
   (hameaux)'는 작은 촌락을 뜻하는 프랑스어.

38

유럽의 박물관이 신전처럼 만들어진 까닭은?

알테스 무제움(1824~1828)

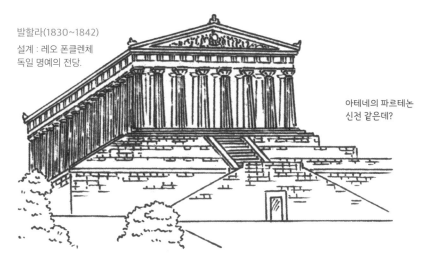

발할라(1830~1842)
설계 : 레오 폰클렌체
독일 명예의 전당.

아테네의 파르테논
신전 같은데?

169

신고전주의는 그리스와 로마를 동시에 찬미했습니다. 그런 중에 19세기 이후 독일에서는 정통 그리스 건축을 충실히 재현하려는 문화 운동인 그릭 리바이벌(Greek Revival: 그리스 부흥)이 거세게 일어납니다. 이것은 앞서 소개한 로지에와 빙켈만의 사상, 그리고 그리스 건축의 신선한 가치가 사회에 널리 받아들여졌기 때문입니다(당시 그리스는 오스만 제국의 영토여서 쉽게 방문할 수 없었음).

여기서 소개할 알테스 무제움[1]은 독일인 건축가 카를 프리드리히 싱켈이 고대 그리스의 스토아에서 영감을 얻어 설계한 박물관입니다.

고대 그리스의 '스토아'란 시민을 위한 시설로, 상업 시설과 사교장,

행사장의 관중석을 모두 갖춘 다목적 건
물이었습니다. 즉 다양한 용도로 쓰일 수
있는 실용적인 공간인 동시에 주랑[2] 구조
를 활용한 아름다운 공간이었습니다.

**알테스 무제움은 고대 그리스의 조형 기
법을 정확하게 지킨 엄격하고 장대한 건물
입니다.**

스토아

싱켈은 평면을 기하학적, 합리적으로 설계하여 편리한 동선과 충분
한 채광을 확보했습니다. 판테온의 돔[3]을 내부 공간과 융합해 건물 전
체를 미학적으로 통합한 솜씨도 뛰어납니다. 그가 독일 최고의 신고전
주의 건축가로 불리는 것도 당연한 일입니다.

참고로 신고전주의 건물은 위엄 있고 이지적인 분위기 때문에 지와
미의 전당인 박물관이나 미술관으로 사용될 때가 많습니다. 대표적인
사례가 대영박물관입니다.

한편 미국 건축가들은 그릭 리바이벌을 '자신의 나라를 대표하는 양
식'으로 진화시켰습니다. 민주주의, 학문, 자유, 아름다움의 원천에 그리

혼동하기 쉬우니, 여기서
고전주의와 신고전주의의
차이를 알려 드리죠.

카를 프리드리히 싱켈
(1781~1841)

✦ 고전주의	✦ 신고전주의
르네상스	좀 더 그리스적인
마니에리즘	그릭 리바이벌
바로크	좀 더 로마적인 로만 리바이벌
'고대 그리스', '로마 오더' 등의 고전 기법을 쓰되 고전적 요소에 변화를 준다.	고대 그리스·로마를 고고학적으로 정확히 재현한 건물을 짓는다.
• 의식적으로 고전 요소를 받아들인 점이 바실리카 등과 다르다.	

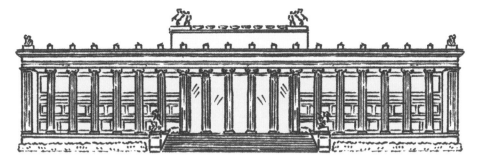

알테스 무제움

스가 있다고 생각했기 때문입니다.

이처럼 나라별 상황과 문화적 전통에 어울리는 양식을 추구하는 경향은 다음의 고딕 리바이벌까지 이어집니다. 이 양식은 산업혁명(18세기 중반~19세기 중엽)과도 밀접한 관계가 있습니다. 급성장하는 도시에서 사회 계층이 나뉘고 공동 사회로부터 개인의 정체성이 지워져 버렸던 것입니다.

사회에 이처럼 새로운 문제가 드러났을 때 사람들은 건축의 힘에 의지했습니다. 픽처레스크에서 시작된 고딕 리바이벌은 한줄기 빛처럼 예술이 나아갈 길을 밝혀 주었습니다.

171

알테스 무제움 내부 홀

---

1   베를린 구 박물관.
2   기둥이 줄지어 선 복도 등의 공간.
3   박물관 중앙에 판테온을 재현한 듯한 공간이 있다. 여기에 그리스 신들의 신상이 모여 있다.

4부

근대

39

산업혁명 시대를 휩쓴 빅토리안 고딕의 대표작

키블 칼리지 예배당(1857~1883)

영국 왕립 재판소(1874~1882)
설계 : 조지 에드먼드 스트리트

지금까지 이야기했던 그릭 리바이벌과 픽처레스크의 영향으로, 서양에서는 예전의 고딕 열풍이 되살아나기 시작합니다. 여기에는 서적 등을 통해 전파된 사상과 주장도 큰 영향을 미쳤습니다.

웨스트민스터 궁전(41 참조)을 설계한 오거스터스 퓨진은 '기독교 국가의 건물은 전부 고딕 양식이어야 한다'라고 주장하여(퓨진은 가톨릭교도였음) 국민의 열광적인 지지를 받기도 했습니다.

또 미술 비평가 존 러스킨은 '중세 건축이나 장식이 아름다운 것은 신고전주의와 고딕의 이미지 차이, 당시 사람들이 둘 중 고딕을 선택한 이유를 설명하겠습니다.

◆ 신고전주의와 고딕의 이미지 차이

신고전주의

규칙적이고 대칭적인 형상은 다소 냉엄하고 국가적이다.

고딕

풍요했던 옛날의 훌륭한 제도, 도덕, 가치관, 공동체를 연상시킨다.

◆ 고딕이 선택된 이유

신고전주의 같은 미적 규범이 없다.

규범이 없으므로 규칙성, 대칭성에 얽매이지 않는다.

그래서 여러 동의 건물을 자유롭게 비대칭으로 연결하는 등 평면을 쉽게 설계할 수 있었다.

고딕 양식이 프랑스에서 생겨났다는 사실이 알려지지 않아서, 당시 영국 사람들은 고딕을 영국 고유의 '민족적 양식'으로 생각했다.

당시 장인들이 기쁨으로 만들었기 때문이다'라고 말하며 중세 사회를 이상화했습니다. 이것이 훗날 아트 앤 크래프트(40 참조) 운동으로 이어집니다. 이런 주장들 덕분에 빅토리안 왕조(1837~1901) 후기에 고딕 리바이벌의 전성기가 찾아옵니다. 이를 빅토리안 고딕이라고 합니다.

영국 옥스퍼드 대학교의 주요 건물 중 하나인 키블 칼리지 예배당에서 볼 수 있는 빅토리안 고딕의 특징은 다음과 같습니다.

① 석재, 벽돌, 목재로 목가적인 분위기를 다양하게 냈고 실내를 공예풍 장식으로 가득 채웠다.

② 벽면은 적벽돌과 흰 석재를 배합해 꾸몄다.

③ 수십 가지 색상의 벽돌을 조합하여 기하학적 문양과 패턴을 만들었다.

영국에서 일어난 산업혁명으로 대량 생산이 가능해지고 농업 생산량이 늘자 사람들의 생활은 비약적으로 편리해졌습니다.

한편 일거리를 찾는 사람들이 도시로 유입되면서 도시 인구가 과밀해져 슬럼이 생겨났습니다. 공업이 발전하면서 대기가 오염되었고, 기반 시설이 갖춰지지 않아 비위생적인 환경에 놓이다 보니 전염병이 창궐하는 등 많은 사회 문제가 발생했습니다.

키블 칼리지 예배당
이 건물을 설계한 윌리엄 버터필드는 오스트레일리아
멜버른에 있는 세인트폴 대성당의 설계자이기도 하다.

와, 박력이 넘치는군!

쾰른 대성당
16세기 중반에 중단되었던 쾰른 대성당의 공사가 1842년에 재개되었다. 이 일을 계기로 독일에 고딕 부흥의 열풍이 일어난다.

문명의 대전환기에도 빛과 그림자가 공존했던 것입니다. 그래서 고딕 리바이벌은 산업 자본주의가 가져온 사회의 부정적인 면에 반발하는 경향이 강했습니다. 이것은 또한 '이상화된 중세'라는 탈출구를 발견한 사람들이 숨 막히는 도시를 벗어나기 위한 이정표로 삼고자 만들어 낸 사상이기도 했습니다.

어둡게만 여겨지는 중세를 근세 사람들이 이상화했던 것을 보면, 현대의 도시에서도 무언가 배울 점이 있을 것입니다.

40	윌리엄 모리스의 이상이 담긴 집	아트 앤 크래프트
	레드 하우스(1860)	고딕 리바이벌
		아르누보
		윌리엄 모리스
		필립 웨브

고딕 리바이벌 양식의 레드 하우스

여러분을 둘러싸고 있는 가구와 실내 장식, 소품들은 아름다운가요?

산업혁명 이후 노동자들이 공업 제품을 대량으로 빠르게 생산해 냈지만, 거기에는 이전의 수제품에서만 느낄 수 있었던 매력이 없었습니다. 장인의 경험과 지식에서 우러나온 미의식이나 교양이 사라진 것입니다.

옥스퍼드에서 런던으로 이주한 윌리엄 모리스 역시 판매되는 가구와 소품 중에 마음에 드는 것이 하나도 없다는 사실에 무척 놀랐습

아름다운가?

음, 쓸 수만 있으면
된다고 생각했는데…

아트 앤 크래프트 운동의 성립

> ### 이론을 완성한 두 사람(39 참조)

퓨진　▶　**러스킨**

고딕 양식이　　　중세야말로
어울려!　　　이상적인 세계야.

⬇

> ### 이들의 사상을 구현하다

모리스

다수의 서적 출판, 강연 활동.

더 아름답고 따스한 느낌의
수제 가구가 좋아. 없다면
직접 디자인하자.

윌리엄 모리스의 다양한 활동

- 고건축의 보존과 복구를 위해 고건축보호협회 설립.
- 수제품에 대한 열정으로 모리스 상회 설립. 가구, 스테인드글라스, 금속 제품, 장식 조각, 태피스트리 등 다양한 품목을 취급.
- 공예 길드(조합)의 탄생. 공예와 건축의 수작업화를 추진 ▶ 이후 바우하우스(54 참조)로 대표되는 미술 공예 학교들과 연계.

윌리엄 모리스
(1834~1896)

부유한 가정에서 자라 성직
자가 되려 했으나 존 러스
킨의 사상을 접한 뒤 '수제
품의 생산'을 위한 활동에
뛰어든다.

니다. 그래서 예술가, 공예가 들과 함께 아트 앤 크래프트 운동을 시작했습니다.

이것은 중세 수제품이 보여 주었던 디자인의 본질을 다시 살려냄으로써 생활 공간을 새롭게 조화시키고자 하는 운동이었습니다.

이런 아트 앤 크래프트의 사상을 가장 잘 구현한 작품이 레드 하우스입니다.

레드 하우스는 필립 웨브가 평생 친구였던 윌리엄 모리스에게 지어

벽지 : 데이지(모리스, 1861)
평면적이면서 단순 명쾌한 도안,
담담하고 부드러운 색채가 특징.

준 집입니다.

당시에는 흰색이나 크림색 스투코(회반죽)로 마감한 네모난 주택이 일반적이었습니다. 그러나 웨브는 레드 하우스의 평면을 비대칭으로 설계했고 외벽은 적벽돌로 마감했으며 창을 활용해 따스한 분위기를 연출했습니다. 이 집을 통해 중세적 이상을 추구한 것입니다.

윌리엄 모리스 등의 예술가들은 이와 같이 중세풍의 소박함과 성실성을 지향하는 유토피아를 구상하고 활동했습니다. 그 결과 19세기 말에서 20세기 사이에 레치워스와 같은 전원도시[1]의 개념이 등장했습니다. 이처럼 예술의 본질을 추구하는 경향은 아트 앤 크래프트 운동에서 아르누보(44 참조)까지 이어졌습니다.

산업혁명 이후 19세기 후반에 중산 계

모리스와 웨브가 디자인한 가구
(레드 하우스)

급이 등장했다는 것도 중요한 사실입니다. 그들 덕분에 건축가들이 주택을 설계할 기회가 많아졌기 때문입니다. 이 현상을 '도메스틱 리바이벌'이라 합니다.

아트 앤 크래프트는 산업혁명이 만들어 낸 편리한 기계를 제쳐 놓고 수제품을 고집함으로써 영국 공예품의 품질을 높이고 무역 산업에도 이바지했다는 점에서 중요한 역할을 했습니다.

정신적 가치를 추구한 고딕 리바이벌, 현실적이고 구체적인 추진력을 보여 준 아트 앤 크래프트. 이것들이 원동력이 되어 탄생시킨 아르누보 양식이 이후 벨기에에서 활짝 꽃피게 됩니다.

당시 출판된 예술 서적 《렌의 도시 교회(Wren's City Churches)》의 표지(아더 맥머도, 1883)
곡선을 많이 써서 아르누보의 출현을 예고한 그림이다.

---

1 도시 생활의 편리함과 전원생활의 신선함을 함께 누릴 수 있도록 설계된 도시. 1898년 영국의 하워드(Ebenezer Howard)가 제창한 개념으로, 나중에 현대 도시 계획 이론의 바탕이 되었다. 1903년에는 하워드의 설계로 런던의 북쪽 56킬로미터 지점에 제1의 전원도시 레치워스가 건설되었다.

런던에서 가장 유명한 건축물

웨스트민스터 궁전(재건 1860)

웨스트민스터 궁전

웨스트민스터 궁전은 현재 런던 중심부에 있습니다. 빅토리아 타워와 엘리자베스 타워(시계탑)를 양쪽 끝에 배치하여 균형을 맞춘 파사드는 건너편 템스 강가에서 보이는 풍경을 우선으로 고려하여 설계되었습니다.

이것은 웨스트민스터 사원을 지은 참회왕 에드워드가 건설한 궁전입니다. 1529년 헨리 8세가 왕궁을 지금의 관청가에 있는 화이트홀 궁전으로 옮긴 후로 영국 의회의 의사당으로 사용되고 있지만 여전히 웨

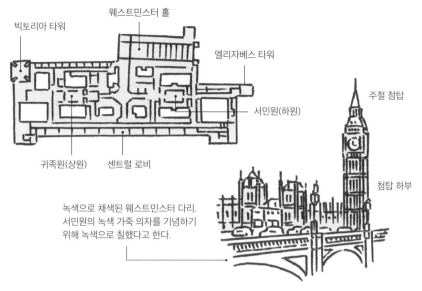

빅토리아 타워

웨스트민스터 홀

엘리자베스 타워

서민원(하원)

귀족원(상원)　센트럴 로비

녹색으로 채색된 웨스트민스터 다리.
서민원의 녹색 가죽 의자를 기념하기
위해 녹색으로 칠했다고 한다.

주철 첨탑

첨탑 하부

스트민스터 '궁전'으로 불리고 있습니다.

　참고로 영국 왕실의 거처는 웨스트민스터 궁전에서 화이트홀 궁전, 그다음 세인트제임스 궁전에서 버킹엄 궁전으로 옮겨졌습니다.

　1834년의 대화재로 웨스트민스터 궁전 대부분이 소실된 후, 영국 정부는 국가의 위신을 걸고 공모전을 열어 새로운 의사당 건설에 착수했습니다. 그 결과 97개의 계획안 중 찰스 배리와 오거스터스 퓨진의 안이 채택되었습니다.

　재건은 1840년에 시작되어 20년 후인 1860년에 끝났습니다. 완성된 건물은 첨탑이 있는 고딕 리바이벌 건물이었습니다. 고전주의를 되살린 신고전주의와 고딕 리바이벌 중 무엇을 택할지 논의를 거듭한 끝에 고딕 리바이벌이 채택된 것입니다. 그 결과 중세의 양식을 아름답게 부활시켰다는 평가를 받고 있습니다.

　이때 새로 지은 엘리자베스 타워(시계탑), 즉 빅 벤의 높이는 96.3미터

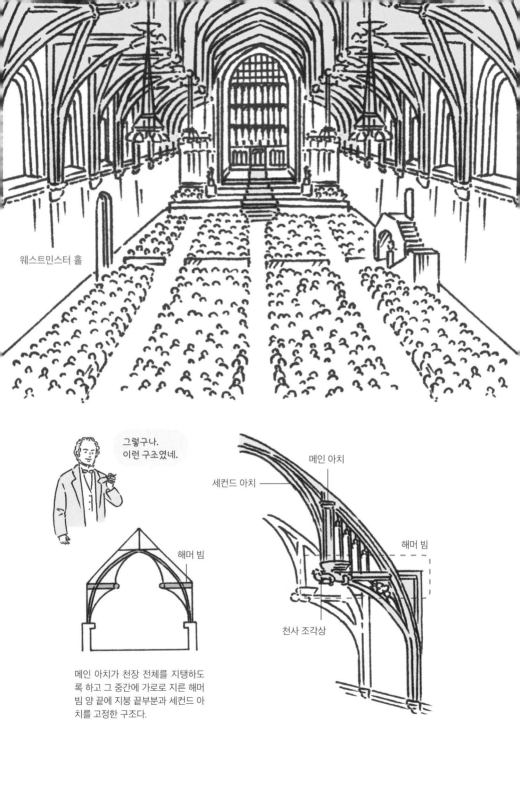

웨스트민스터 홀

그렇구나.
이런 구조였네.

세컨드 아치 ——

메인 아치

해머 빔

천사 조각상

해머 빔

메인 아치가 천장 전체를 지탱하도록 하고 그 중간에 가로로 지른 해머 빔 양 끝에 지붕 끝부분과 세컨드 아치를 고정한 구조다.

나 됩니다(시계의 문자판은 지상 55미터에 위치함).

기적적으로 화마를 피한 웨스트민스터 홀은 궁전의 가장 유서 깊은 건물이 되었습니다. 이곳은 헨리 8세의 테니스장이나 재판소로 사용되었던 역사적인 장소로, 천장에는 목조, 들보에는 해머 빔(돌출 들보)[1]을 쓴 널찍한 공간입니다.

해머 빔은 목조 트러스[2]로 분류되는 한 형식입니다. 아치형 지주 트러스[3]에서 한 단계 발전한 구조로, 공간을 더 넓어 보이게 만드는 효과가 있습니다.

웨스트민스터 홀의 해머 빔은 빔과 빔 사이 간격이 20.8미터, 빔에 포함된 아치 하나의 길이가 7.7미터입니다. 영국 고딕 건물에 자주 쓰여 장식적이고 개방적인 분위기를 내는 이 해머 빔은 중세 목수들이 발명한 것으로 알려져 있습니다.

---

1   hammer beam. 장식적인 지붕틀에 이용된 외팔 들보. 중세 말기 영국에서 유행했다. 들보를 대신할 수 있지만 구조적으로는 들보보다 약하다. 그러나 눈에 거슬리는 것이 없어지므로 공간이 더 넓고 개방적으로 느껴진다.

2   부재가 휘지 않도록 접합점을 핀으로 연결한 골조 구조.

3   arched brace truss. 지붕의 구조재인 트러스를 보강하기 위해 트러스의 수직재와 수평재 사이, 또는 경사재와 수평재 사이에 아치 모양의 짧은 목재를 질러서 고정시킨 구조.

헝가리 국회의사당
(부다페스트, 1885~1904)

설계 : 임레 쉬테인들
돔과 개구부는 르네상스식, 버트레스와
첨두 등 세부는 고딕식을 접목한 절충
주의.

산업혁명으로 철, 유리 등 새로운 소재와 기술이 등장한 후에도 서양은 고대 그리스·로마에서 시작된 역사주의[1] 건축 양식을 약 1세기 반 동안 되풀이하여 사용했습니다. 프랑스 혁명과 나폴레옹 전쟁 이후 의회제 민주 정치가 시작되기는 했지만, 왕조와 귀족이 지배하는 군주제가 제1차 세계대전 직전까지 남아 있었기 때문입니다.

또 로마네스크, 고딕, 바로크 등 역사주의 양식은 당시 최고의 건축가와 기술자들이 경험과 지혜를 짜내고 확실한 공법으로 완성한 최고의 유산이기도 했습니다. 그러므로 이 시대 건축가의 사명은 '정해진 양식 안에서 아름다운 변화를 이끌어 내는 것'이었습니다. 이것이 역사주의의 본질입니다.

그러나 이것은 결과적으로 과거의 건축 양식을 오로지 '장식 기법'으로 한정하는 결과를 낳았습니다. 여러 양식을 다양한 용도의 건물에 적용했으므로 '주관이 없다'라는 비판도 받았습니다.

그래서 건축가들은 근대 사회에 필요한 새로운 사상을 표현할 양식을 만들어 내야만 했습니다. 다양한 방법을 모색한 결과, 과거 양식과는 다른 양식이 조금씩 만들어지게 되었습니다. 드디어 근대 건축의 시대가 열린 것입니다.

---

1 19세기에서 20세기 초까지 유행한 서양 건축 양식으로, 과거 건축의 기법을 복고적으로 이용한다. 18세기 신고전주의 건축과 20세기 모더니즘 건축 사이에 등장. '절충주의'도 같은 뜻으로 쓰일 때가 많지만, 절충주의는 엄밀히 말해 특정한 양식에 구애되지 않고 여러 양식의 좋은 점을 조합하여 쓰는 것을 말한다.

설계 : 프리드리히 폰게르트너

팔라초 형식. 이탈리아 르네상스 양식인 동시에 룬트보겐슈틸*의 영향을 받은 것으로 보인다(석재가 많지 않은 독일 환경을 고려해 벽돌을 주요 재료로 삼으면서도 로마네스크풍의 반원 아치를 도입한 것이 특징). 파사드에는 심플하고 강력한 개구가 가지런히 늘어서 있다.

● rundbogen stil. 반원 아치형. 19세기 초·중엽 독일의 절충주의 건축 양식. 기원은 주로 이탈리아. 초기 기독교 양식, 로마네스크 양식, 이탈리아 15세기 양식을 결합한 양식으로 원형 아치를 많이 사용하는 것이 특징.

설계 : 찰스 배리

네오 르네상스 양식(이탈리아 르네상스의 복고). 르네상스는 원래 도회적 양식이었으므로 도서관이나 클럽 등 도심의 건물에 잘 어울렸다. 둘 다 팔라초 파르네제와 팔라초 판돌피니(palazzo Pandolfini)를 참고했다.

설계 : 고트프리드 젬퍼

네오 바로크 양식(바로크 리바이벌). 자이언트
오더를 앞세워 전면으로 나온 반원형 로비와
거대한 계단 덕분에 양팔을 펼친 듯한 모습이
되었다. 파리의 오페라 극장에도 같은 디자인
이 적용되었는데, 그 호화로움이 높은 평가를
받았다.

빈 시청

빈, 1872~1883

설계 : 프리드리히 폰슈미트

영국 국회의사당을 본뜬 건물로, 르네상스식
좌우대칭 구조에 고딕식 디테일을 적용한 절
충주의 건물. 여러 나라의 건축물에 큰 영향
을 미쳤다.

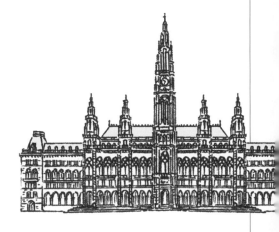

43	파리 사람들을 불안에 떨게 한 건축물	철 고딕 리바이벌 귀스타브 에펠 앙리 라브루스트 고트프리드 젬퍼

에펠 탑(1887~1889)
프랑스 국립도서관(1859~1868)

엔지니어까지 건축을
하다니, 위험천만한걸.

하지만 앞으로의
추세니까 배워야겠지.

에펠 탑
300미터의 까마득한 높이.

산업혁명의 주인공은 누구였을까요?

대량으로 생산되기 시작한 철이었습니다. 철은 석재나 벽돌에 비해 훨씬 강도가 세서 가느다란 부재로도 훨씬 더 튼튼한 건축물을 지을 수 있었습니다.

그런 대변혁의 시대에 건축가들이 우왕좌왕하는 사이, 엔지니어(기술자)들이 먼저 다리와 탑, 공장 등 실용적인 구조물에 재빨리 철을 도입하기 시작했습니다.

철의 종류별 특성

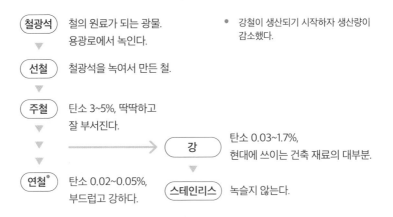

철광석 철의 원료가 되는 광물.
용광로에서 녹인다.

▼

선철 철광석을 녹여서 만든 철.

▼

주철 딘소 3~5%, 딱딱하고
잘 부서진다.

▼
▼ ──────→ **강** 탄소 0.03~1.7%,
▼ 현대에 쓰이는 건축 재료의 대부분.
▼ ▼

연철˚ 탄소 0.02~0.05%, **스테인리스** 녹슬지 않는다.
부드럽고 강하다.

• 강철이 생산되기 시작하자 생산량이
감소했다.

건축가들에게 많은
영향을 미친 듯하군.

귀스타브 에펠(1832~1923)
교량 기사. 〈자유의 여신상〉
내부의 철골도 설계했다.

용광로와 코크스² 로 철광석을 녹여 주철을 대량 생산
하는 데 성공했다. 그러나 주철은 탄소 함량이 많아서
매우 딱딱하고 잘 부서졌다. 철의 성질은 탄소 함유량
에 따라 크게 달라지므로 철을 잘 다루려면 탄소 함유
량을 능숙하게 조절해야 한다.

딱딱함과 부드러움을
조절하는 솜씨가
제일 중요해.

두드리면 탄소를 줄일 수 있죠.

대장장이

다만, 철이라는 재료는 당시로서는 파격적이었습니다. 그래서 아무
리 역학적으로 안전하다고 해도 전통적 기둥에 비해 훨씬 가느다란 철
기둥에 대한 사람들의 불안이 좀처럼 가라앉지 않았습니다. 또 돌과는
성질이 너무 달라서 오더 같은 양식을 적용하기도 어려웠습니다. 따라

철 기둥   돌 기둥

너무
가늘어.

서 기차역 등 철로 된 구조물 대부분은 벽돌로 만든 파사드 뒤로 숨겨졌습니다.

그러나 에펠 탑 같은 거대 구조물이 등장하여 다음 건축 양식의 가능성을 기대하게 만들었습니다. 또 파사주(passage)[1]와 아케이드의 안뜰에는 철과 유리로 된 지붕이 덮였습니다. 사람들은 이때 처음으로 지붕으로 덮여 있으면서도 밝은 공간을 경험하게 되었습니다.

이런 과정을 거치면서 결국 역사주의로만 일관했던 공공 건축에도 철이 도입되기 시작했습니다. **그 대표적인 예가 프랑스 국립도서관입니다.**

프랑스 국립도서관은 철 기둥(주철)과 아치를 균형 있게 배치함으로써 철의 장점(강도가 높아서 부재를 가늘게 만들 수 있음)을 살린 경쾌한 공간을 만들어 낸 성공 사례입니다. 이런 사례를 통해, 철을 활용한 건축은 실용적이고 구조적인 측면뿐만 아니라 미적 측면에서도 인정받기 시작했습니다. 결국 철은 근대 건축의 개막을 알리며 새로운 형태와 공간을 만들어 나갑니다.

또, 이전에는 고상한 종합 예술가였던 건축가들은 산업혁명 이후 구조와 역학 등 공학 지식을 익혀야만 했습니다. 그래서 공학 교육을 위한 건축 학교가 속속 만들어졌고, 건축가라는 직종을 보호하는 단체인 건축가 협회(왕립 영국 건축가 협회RIBA 등)도 설립되었습니다.

주철 기둥. 석조였다면 생각할 수도 없었을 만큼 날렵하다.

우아하게 장식된 아치와 볼트가 눈길을 사로잡는다.

프랑스 국립도서관 내부

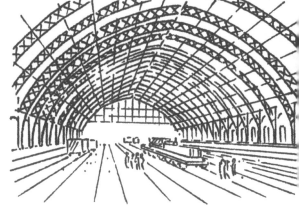

런던 세인트 판크라스 역의 지붕 (1864~1868)
석조였다면 절대 만들 수 없었을 엄청난 규모의 공간.

---

1 아케이드의 일종으로, 천장이 유리로 덮여 있고 다양한 상점이 들어차 있는 실내 상점가. 사람들은 여기에서 상품이 넘치는 환경을 처음 접하고 윈도쇼핑을 시작했다. 이후 백화점의 원형이 되었다.

2 주로 제철용, 주물용으로 쓰이는 고체 연료.

44	벨기에에서 꼭 봐야 할 세계 최초의 건축물	아트 앤 크래프트 모데르니스모 아르누보 빅토르 오르타

타셀 저택(1893)
오르타 저택(1898)

오르타 저택

영국에서 시작된 아트 앤 크래프트 운동은 영국과 친밀한 관계였던 벨기에의 레뱅(예술운동 그룹)[1]에 많은 영향을 주었습니다. 그래서 태어난 양식이 아르누보입니다.

아르누보란 '새로운 예술'을 뜻하는 프랑스어로 곡선과 곡면으로 장식(구성)된 양식을 가리키는데, 그런 특징이 있는 가구를 취급했던 가게 이름에서 유래했다고 합니다. 또, 이 가게에서 함께 취급했던 일본의 미술품과 특산품도 아르누보 양식에 영향을 준 것으로 보입니다.

빅토르 오르타
(1861~1947)
벨기에 건축가. 아르누보
양식을 건축에 도입한 최
초의 인물.

◆ **나라별 명칭**

• 프랑스 : 아르누보　　• 이탈리아 : 스틸레 리바티
• 독일 : 유겐트슈틸　　• 스페인 : 모데르니스모(45 참조)

◆ **아르누보 양식이란**

• 자연의 움직임을 본뜬 나긋한 곡선을 사용한다.
• 식물의 줄기와 잎, 긴 머리카락과 여성의 신체, 새와 곤충
  등 생명감 넘치는 모티브를 활용한다.
• 당시 유행했던 일본 판화 우키요에[2]에 쓰인 참신한 구도,
  유려한 곡선 등의 영향을 받았다.

　　그리고 세계 최초의 아르누보 건물이 벨기에 브뤼셀에 만들어졌습
니다.

　　이 건물은 이전의 전통적인 고전주의를 단숨에 뒤엎어 세상을 깜짝
놀라게 했습니다.

　　이처럼, 아르누보의 최대 특징은 자연을 모델로 삼아 과거의 양식에
서 자유로워지려 했다는 것입니다. 이런 시도는 얼핏 성공한 듯했지만
문화적 상징성이 빠져 있었기 때문에 사회와 동떨어진 채, 한때의 유행
으로 머물다 서서히 사라져 갔습니다.

　　또, 곡선과 곡면으로 건물을 디자인하기도 쉽지 않았습니다. 벨기에
건축가 빅토르 오르타가 최초로 건축에 도입한 의미 있는 예술 양식 역
시 설계자에 따라 겉치장으로 끝날 때가 많았습니다. 그런 상황을 지켜
보았던 탓인지, 오르타는 자신의 자택을 지은 후 아르누보에 염증을 느
끼고 결국 고전주의로 돌아가 버렸습니다.

　　아르누보는 전통에서 벗어나려 했다는 점에서 아트 앤 크래프트와

벽과 천장을 장식한 부드러운 덩굴의 곡선
은 바닥의 곡선과 이어져 금방이라도 움직
일 듯한 역동적인 분위기를 자아낸다.

타셀 저택의 계단실

형태와 장식에 눈길을 빼앗기
기 쉽지만, 천창으로 들어온 빛
이 흘러넘치는 이 계단실은 건
물 앞쪽에 있는 사교 공간과 뒤
쪽에 있는 일상 공간을 연결하
는 기능도 한다. 두 공간을 유
동적으로 연결하는 기능에도
주목해 보자.

장식과 구조가 하나로 합쳐진
기둥. 나무에서 부드러운 싹
과 잎이 돋아난 듯한 모습에
서 아르누보의 진면목을 느낄
수 있다.

계단의 금속 난간도 환상적인
공간을 만드는 데 한몫하고
있다.

카스텔 베랑제(집합주택)
입구 주변(1894~1898)
설계 : 엑토르 기마르

파리 아베스 역(1899~1905)
설계 : 엑토르 기마르

다릅니다. 그러나 정성스러운 수작업을 통해 우아하고 풍부한 종합 예술을 지향했다는 점은 같습니다. 아르누보는 비록 짧은 기간이었지만 강한 영향력을 미쳐 아주 자연스러운 건축 작품을 많이 남겼습니다.

아르누보가 예외적으로 오래 살아남았던 도시가 스페인의 바르셀로나입니다. 세계 제일의 모데르니스모(아르누보) 집결지였던 이 도시에서 지중해가 낳은 천재 건축가 안토니오 가우디가 등장합니다.

---

1   Les XX, les vingt, 보통 '20인회'로 번역된다.
2   일본 에도 시대 서민 계층에서 유행하였던 목판화. 주로 여인과 가부키 배우, 명소의 풍경 등 세속적인 주제를 담았다.

45	바르셀로나에 가야 할 단 하나의 이유 **카사 바트요(1904~1906)** **카사 밀라(1906~1910)**	아르누보 모데르니스모 안토니오 가우디

카사 밀라
거친 파도 등
자연을 형상화했다.

스페인 제국은 1898년 미국-스페인 전쟁에서 패한 후 쿠바 등 가장 중요한 식민지를 잃고 붕괴되었습니다. 그러나 스페인 카탈루냐 지방의 중심지인 바르셀로나는 철과 섬유의 무역 거점으로 탈바꿈하면서 불과 반세기 만에 근대화에 성공하고 눈부신 발전을 이루었습니다.

카탈루냐는 오래전부터 스페인의 지배하에 있으면서 카탈루냐어를 금지당하는 등 탄압을 받아 왔습니다. 사람들은 그에 반발하여 민족 문화 부흥(레나센샤)을 지향하며 새로운 카탈루냐 건축 양식을 구축했습니

다. 그래서 아르누보의 독자성이 점차 강해지게
된 것입니다.

　이때 등장한 사람이 강력한 부르주아 후원자
인 구엘가와 바트요가를 등에 업은 천재 건축가
안토니오 가우디입니다. 가우디가 지은 카사 바
트요를 살펴보며 카탈루냐판 아르누보인 '모데
르니스모 건축'을 알아봅시다.

　카사 바트요의 파사드는 마치 찬란한 바다
같습니다.

안토니오 가우디
(1852~1926)

지금도 건실 중인 사그라다
파밀리아 대성당의 설계자.
시공주에게 가장 어울리는
양식, 형태, 공간을 유연하
게 선택하고 적용해 다채롭
고 매력적인 건물을 많이
지었다.

카사 바트요의 외관

1층 기둥에서 시작된 곡선은 2층 뼈 모양의 문설주를 통과한 후 완만하게 파도치는 다채색 외벽을 따라 올라가다가 갑각류의 피부 같은 지붕에서 마무리됩니다. 생명의 고동을 느끼게 하는 새로운 형태의 파사드입니다.

　　내부에서는 위아래로 시원하게 뚫린 공간에 계단, 승강기 등 이동 시설이 집중되어 있는 것이 특징입니다. 이곳을 아래에서 올려다보면 빛나는 수면 같은 공간이 펼쳐집니다. 알록달록한 타일에 난반사된 빛이 크기와 형태가 다양한 창들을 비추므로 사람의 움직임에 따라 공간의 표정이 달라집니다.

　　모데르니스모는 프랑스의 아르누보와 마찬가지로 곡선과 산뜻한 장식을 많이 쓴 것이 특징이지만, 스페인이 제1차 세계대전에 참전하지 않았기 때문에 다른 나라의 아르누보보다 더 큰 발전을 이룰 수 있었습니다.

　　이 시기 카탈루냐 건축가들은 로마네스크와 고딕 등 하나의 양식만을 가지고 설계하지 않고 여러 양식을 자유

카사 바트요 내부

천장 조명
광원에 가까워질수록 강하게 소용돌이치는 나선 모양은 물의 흐름을 닮았다.

식물의 잎, 싹, 꽃이 새겨진 문
부드럽게 부풀어 오른 듯한 형태가 식물을 연상시킨다.

나무의 꿈틀거리는 생명력을 느끼게 하는 계단
뻗어 나간 식물처럼 보이는 난간.

카사 바트요의 내부 계단 홀

롭게 섞어서 발전시켰습니다. 그래서 모데르니스모 작품은 하나하나가
다 찬란하고 풍요로우며 자유분방하게 빛납니다. 바르셀로나로 여행을
간다면 모데르니스모 건축물들을 꼭 한 번 둘러보시기 바랍니다.

46	새로운 시대를 알리는 건축	아르누보 모더니즘 제체시온 오토 바그너
	빈 우편저금국(1906)	

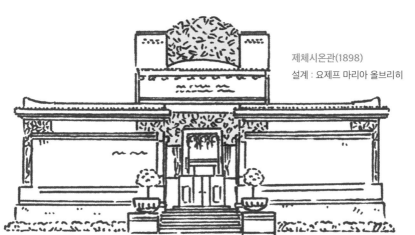

제체시온관(1898)

설계 : 요제프 마리아 올브리히

✦ **제체시온관 자세히 들여다보기**

• **제체시온관의 벽면** 바그너의 제자이자 빈 분리파 중 한 명인 요제프 마리아 올브리히가 설계했다.

뱀, 도마뱀, 거북, 여성을 조각한 장식에 주목하자. 이 시대의 새로운 예술은 이와 같은 생명 현상을 모티브로 삼았다.

구불거리는 가지와 올리브가 장식된 모서리. 아르누보와 비슷한 부분이다.

오토 바그너 (1841~1918)
오스트리아의 건축가. 빈 미술 아카데미 건축학과 교수. '필요 양식'을 주장하며 '건축은 목적에 충실해야 하며 적절한 재료를 사용해야 하고 경제적 합리성에 따라 자연스럽게 성립되는 형태를 선택해야 한다'라고 말했다.

독일어로 '분리'라는 뜻의 제체시온은 새로운 시대에 어울리는 새로운 양식을 만들어 내려 했던 근대 예술 운동입니다. 아트 앤 크래프트가 중세를 이상으로 삼았던 것과 달리 제체시온은 과거 양식으로부터의 '분리'를 주장했습니다.

이 운동을 전개한 빈 분리파는 1897년 빈에서 생겨났습니다. 초대 회장은 화가 구스타프 클림트였고 중심인물은 오토 바그너였습니다. 바그너는 기능주의, 합리주의적 설계 원리를 제창하였으므로 '근대 건축의 아버지'로도 불립니다.

그러나 갑자기 모든 것으로부터 '분리'했다는 뜻은 아닙니다. 아르누보는 여전히 남아 있었습니다.

그리고 모더니즘이 시작되었음을 단적으로 보여 주는 명작이 탄생합니다. 오토 바그너의 빈 우편저금국 건물입니다.

 마욜리카 하우스의 디테일

사각 창이 가지런히 배열된 벽면에 꽃이 그려진 산뜻한 타일이 생기를 더한다. 그전까지는 장식이 건물과 일체였지만, 여기서는 조각을 배제하고 벽면을 평평한 캔버스처럼 활용하여 꽃을 그려 넣었다.

마욜리카 하우스의 벽면(1899)
설계 : 오토 바그너

장식 없는 가느다란 철골 지주가
유리 볼트 천장을 지탱한다.

시선을 통제하는 효과를
내는 알루미늄 피복.

빈 우편저금국 내부
아르누보처럼 자연을 모티브로 활용
한 흔적은 전혀 찾아볼 수 없다.

아래층 채광을 위해 바닥에
유리 블록을 사용했다.

홀 내부는 일정한 간격으로 배치된 기둥과 흰 벽이 유리 볼트 천장에
둘러싸여 있어서 무척 신비한 분위기입니다. 기둥 아래쪽을 감싼 알루
미늄 피복은 방문객의 시선을 일정한 높이로 통제합니다. 그래서 피복
아래는 문, 받침대, 가구, 사람 등이 이동하는 '동적' 공간, 피복 위는 공
기만이 떠다니는 '정적' 공간으로 나뉩니다.

빈 분리파는 다른 나라에도 매우 큰 영향력을 미쳐, 일본에서도 호리
구치 스테미 등이 분리파 건축회를 만들 정도였습니다.

제체시온과 아르누보가 공통적으로 고딕, 르네상스 등 과거의 양식

에서 벗어나려 했다는 것도 중요한 사실입니다.

바그너는 이처럼 산업혁명 이후에 등장한 신기술과 신소재의 가능성을 모색한 결과 빈 우편저금국을 통해 모더니즘 건축으로 가는 길을 닦았습니다.

모더니즘 건축의 탄생이 이제 얼마 남지 않았습니다.

47

가장 미국적인 건축 양식의 탄생

로비 하우스(1909)

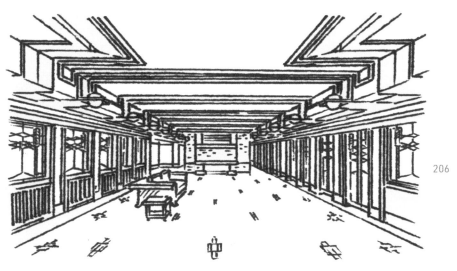

로비 하우스의 거실

　19세기 말 미국에서는 유럽 이민자가 몰려드는 가운데 콜로니얼 리바이벌이 건축의 주류를 이뤘습니다. 콜로니얼 양식이란 식민지로 이주한 사람들이 조국의 전통 주택을 새로운 땅의 기후와 풍토, 소재 혹은 환경에 맞추어 개량한 것을 말합니다.

　그런 중에 프랭크 로이드 라이트는 역사주의 건축을 완전히 무시하고 미국만의 주택 양식을 모색한 끝에 전 세계 건축가에게 큰 영향을 끼친 프레리 스타일(대초원 양식)을 만들어 냈습니다. 1909년에 완공된 로비 하우스를 살펴보며 프레리 스타일을 알아봅시다.

프레리 스타일은 당시 건물들의 일반적 형태인 상자 모양에서 탈피했다는 점에서 주목할 만합니다. 거실, 식당, 주방, 응접실 등 건물의 각 공간을 서로 침범하는 개방형 바닥을 만든 것도 획기적이었습니다. 그래서 로비 하우스에서는 외부 공간이 내부로 침입하고, 내부 공간이 외부로 이어지게 되었습니다.

프랭크 로이드 라이트
(1867~1959)

평소 우키요에 등 일본 문화에 관심이 많았던 라이트는 일본 전통 건축물에서 발견한 다음과 같은 특징을 자신의 건축에 반영하며 스타일을 완성해 나갔다고 합니다.

① 평면의 연속적인 전개.

② 수평 방향으로 흐르는 듯한 입면의 움직임.

③ 깊은 처마가 달린 지붕.

그리고 이것들을 재해석해 자신

- 마야, 잉카, 이집트의 유적에 감명을 받아 자신만의 아르데 코 표현을 구축했다.
- 자연의 다양성을 깊이 연구하여 건축에 도입했다.
- 건축주의 요청에 끊임없이 귀를 기울여 그들의 요구를 세세히 파악하는 것이 특기였다.

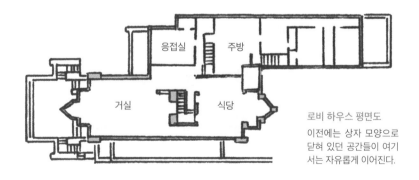

응접실   주방

거실   식당

로비 하우스 평면도
이전에는 상자 모양으로 닫혀 있던 공간들이 여기서는 자유롭게 이어진다.

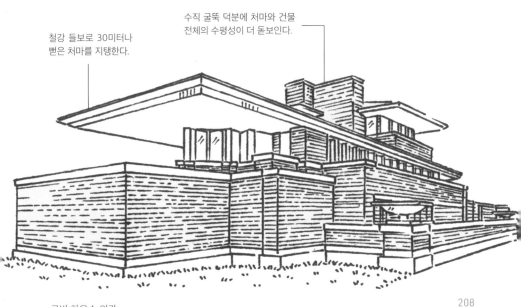

철강 들보로 30미터나
뻗은 처마를 지탱한다.

수직 굴뚝 덕분에 처마와 건물
전체의 수평성이 더 돋보인다.

로비 하우스 외관
사생활 보호를 제일 신경 써달라는 건축주의
요청에 따라 주요 기능을 2층에 모아 놓았다.

만의 아르데코 양식으로 표현함으로써, 미국의 대초원으로 퍼져 나가는 듯한 형태의 프레리 스타일을 로비 하우스에서 멋지게 완성했습니다. 이러한 발상이 전원생활을 꿈꾸는 대중의 욕구와 일치하면서, 라이트는 건축가로서의 명성을 더욱 높일 수 있었습니다.

라이트가 주장한 '유기적 건축'이란 부지, 건축, 가구, 장식과 자연 환경이 일체가

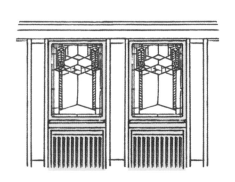

라이트 특유의 아르데코 장식 창

되어 건물의 품격과 질을 높이는 것을 가리킵니다. 또한 라이트는 공업 기술과 합리적 구조를 적극 도입하면서도 자연과의 융합, 풍성한 장식의 효과까지 놓치지 않았습니다. 기능적, 추상적이고 균질한 건물을 지었던 근대의 건축가들과는 차원이 다르다고 할 수 있습니다.

209

48

<아비뇽의 처녀들>을 떠올리게 하는 빌라

코바로비츠 빌라(1913)

<아비뇽의 처녀들>(피카소, 1907)

파블로 피카소(1881~1973)
평생 약 1만 3500점의 유화와 소묘, 10만 점의 판화, 기타 삽화와 조각, 도기를 제작한 세계적인 다작 예술가로 꼽힌다.

　1907년, 원시적인 아프리카 조각의 힘을 느끼게 하는 <아비뇽의 처녀들>이라는 그림이 화제가 되었습니다. 누구나 한 번쯤 이름을 들어보았을 파블로 피카소의 작품입니다. 관능적인 다섯 명의 여성을 그린 이 대작은 사물의 형태를 일단 해체한 다음 여러 시점에서 재구성하여 그린 작품입니다. 이것이 큐비즘의 시작이었습니다.

　큐비즘 회화는 극단적으로 왜곡된 인체, 평면적인 표현, 나아가 원근법을 무시한 장면들이 여러 시점에서 결합된다는 특징이 있습니다. 이 특징이 정육면체로 표현되면서 큐비즘 건축이 이루어진 것입니다.

큐비즘 건축에서는 직각으로, 또는 평평하게 마무리할 수 있는 면을 일부러 비스듬히 자릅니다. 이것이 바로 큐비즘 건축의 가장 두드러지는 특징입니다.

큐비즘은 파사드의 장식 요소를 해체하여 기하학적 면으로 환원한 다음 입체적으로 재구축하는 양식입니다. 조형적으로 광물성이 느껴진다는 점에서 아르데코(56 참조)와 공통점이 있습니다.

큐비즘의 입체적 특성을 철저히 적용한 이 건물을 봅시다. 체코의 대표 건축가 요제프 호홀이 지은 이 빌라에서, 꺾인 면으로 구성된 외벽과 창 주변은 빛과 그림자 덕분에 그 시각적 효과가 더해져 역동성과 리듬감을 느끼게 합니다. 이와 같이 눈에 보이는 것을 자신의 감각으로

코바로비츠 빌라 외관

지그재그 창
이것이 큐비즘 건축의 특징이다.

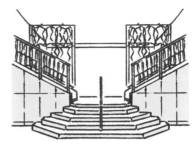

난간·계단

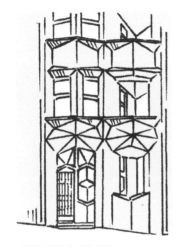

굴절된 외벽과 창의 연결

해석하여 표현하는 '회화 기법'은 피카소의 큐비즘에서 시작되어 인상파(모네 등)까지 이어집니다.

회화에 이런 경향이 나타난 것은 1839년에 사진이 등장했기 때문입니다. 무언가를 똑같이 그리기만 해서는 도저히 사진을 이길 수 없었던 것입니다. 그래서 화가들은 사고를 전환하여 그림에서만 가능한 조형적 표현으로 새로운 예술 양식을 만들어 냈습니다.

큐비즘은 추상화가 피에트 몬드리안 등에게도 영향을 끼쳤고, 그 결과 데스틸(53 참조)을 탄생시켰습니다.

예술 중에서도 특히 미술과 건축은 이처럼 긴밀하게 연관되어 있습니다. 큐비즘 건축은 2차원의 회화를 3차원의 건축에 적용한 점이 매우 특징적입니다. 그러나 건축의 큐비즘적 표현은 아쉽게도 파사드 장식의 영역에 머무르는 데 그쳤습니다.

예술 운동으로서의 큐비즘 역시 1914년 제1차 세계대전이 발발하자 중단되었고, 전쟁이 끝난 뒤에도 이어지지 못했습니다. 그러나 건축 양식으로서의 큐비즘은 다음 시대에 등장할 미래파(49 참조), 구성주의(50 참조), 데스틸 등 전위 운동에 큰 영향을 미쳤습니다.

5부

현대

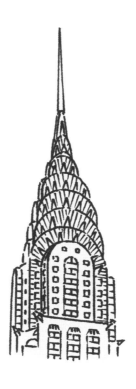

〈고층 주택〉(1914)
〈역〉(1914)

〈고층 주택〉
(드로잉, 1914)

'낡은 이탈리아를 해체하고 완전히 새로운 나라를 만들어야 한다.'

이 과격한 주장은 이탈리아의 시인 필리포 토마소 마리네티가 내세운 것입니다. 이 주장은 20세기 초 활발했던 전위 운동의 특성을 단적으로 말해 줍니다.

이 무렵 이탈리아 북부의 밀라노는 전등 덕분에 밤낮의 경계가 희미해졌고, 이동 수단은 마차에서 트램과 자동차로 바뀌었으며, 노동자가 넘치는 혁신적인 공업 도시가 되어 있었습니다. 전화와 무선 전신도 등장하여 일의 속도가 빨라졌습니다.

마리네티는 이 거대 공업 도시의
모습에 큰 자극을 받았습니다.

그래서 구태의연한 현상을 비판
하고 완전히 새로운 나라를 만들어
야 한다고 호소합니다. '속도의 미

가 새로운 규범이 되어야 한다'라며, 시대의 첨단 기술인 자동차 등 기
계를 찬미하기도 했습니다. 이것이 미래파 사상입니다.

미래파 운동은 머잖아 건축에도 영향을 미칩니다. 그 결과 건축가 안
토니오 산텔리아가 등장하여 미래파 건축 선언을 합니다. 산텔리아도
선언문에서 전통 양식을 부정하고 과학과 근대 기술을 찬미했습니다.

217　　이 건축 선언의 배경에는 '표층적인 장식으로 신흥 부르주아의 욕구
에 부응하려 하는 리버티 건축(이탈리아판 아르누보)은 근대 생활에 어울
리지 않는다'라는 생각이 있었습
니다. 산텔리아의 〈고층 주택〉이
라는 그림에 그 생각이 잘 드러나
있습니다.

그림을 잘 살펴보면 땅 위에 수
많은 기찻길과 자동차 도로가 깔
려 있고 건물에 독립형 승강기가
있는 등 기술이 구현되어 있습니
다. 건축의 다이너미즘[1]화에 성공
한 것입니다.

한편 〈역〉이라는 그림을 보면

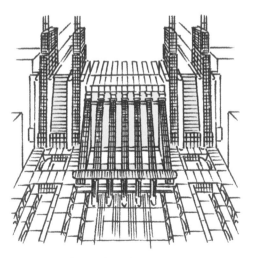

〈역〉(드로잉, 1914)

철도역이 새로운 운송 수단인 비행기의 정류장, 즉 공항과 하나가 되어 도시 교통의 기점이 된 것을 알 수 있습니다.

공항과 철도역을 연결하는 케이블카와 고층 주택의 측면의 경사 방향이 잘못되어 완벽하지는 않지만, 이 그림들을 통해 마리네티가 강조한 속도의 미를 느낄 수 있습니다.

밀라노는 전 세계의 최첨단 패션을 이끄는 도시이고 이탈리아에는 속도를 추구하는 페라리 등 자동차 회사가 있습니다. 속도의 미를 추구한 미래파의 건축 사상에 그 나라의 특징이 드러나 있어 흥미롭습니다.

아르누보(44 참조)는 자연을 모델로 삼았고 미래파는 기계를 모델로 삼았습니다. 그리고 자신들이 동경했던 혁신적 기술을 도시 설계에 도입했습니다.

〈현대 메트로폴리스를
위한 건축〉
(드로잉, 1914)
작 : 마리오 키아토네

〈볼륨의 습작〉 (1920)
작 : 비르질리오 마르키

산텔리아의 아이디어는 고층 건물이라는 점에서 미국의 마천루와 다를 것이 없다고 생각할지 모릅니다. 그러나 여기에는 아르데코(56 참조) 같은 장식이 없습니다. 어디까지나 철, 콘크리트, 유리 등 공업 재료로 표현된 직선적 건물이었습니다.

이처럼 실현할 수 없는 유토피아를 그렸던 미래파지만 다음에 등장할 구성주의에는 강한 영향을 미쳤습니다.

---

1   기계와 속도의 미학을 추구하는 조형 양식을 말한다. 이탈리아의 미래파가 주도했다. 보통 역동주의(力動主義)로 번역된다.

50

노동과 혁명을 축복하는 구성주의 건축물

〈제3인터내셔널 기념탑 계획안〉(1920)
주에프 노동자 클럽(1929)

구성주의
데스틸
블라디미르 타틀린
일리야 골로소프

〈제3인터내셔널 기념탑 계획안〉
설계 : 블라디미르 타틀린

지금까지 보아 왔듯, 건축은 당시의 권력이나 정치 상황에 따라 선전 선동에 앞장서기도 했습니다. 1917년, 러시아 혁명으로 성립된 세계 최초의 공산주의 국가는 '예술을 새로운 체제를 선전하는 데 활용하겠다'라고 공언했습니다. 혁명 직후 러시아에는 글을 모르는 사람이 많았으므로, 대중을 선동하려면 시각 매체가 필요했기 때문입니다.

이 선동 예술에서 활약한 이들이 전위(아방가르드) 예술가였습니다.

러시아 구성주의(콘스트럭티즘)의 창시자인 블라디미르 타틀린은 큐

형태의 특징은 나무와 금속, 유리 등의 소재와 양감에서 나온다. 그 구성에 중점을 두고 조형 예술의 혁명을 달성하자!

블라디미르 타틀린
(1885~1953)
러시아 제국 출신의 화가, 조각가, 건축가, 디자이너. 부르주아 예술인 기존 미술의 사상을 부정하고 첨단 공업 기술에 바탕을 둔 혁신적인 조형 표현을 추구한다.

비즘(48 참조)과 미래파(49 참조)의 영향을 받아 구성주의를 주장했습니다.

그의 작품 〈제3인터내셔널 기념탑 계획안〉을 보면, 회의장, 사무실, 정보 센터가 각각의 크기를 할당받고 정육면체나 사각뿔, 원통형이라는 기하학적 형태로 철골 안에 매달려 있습니다. 회전하면서 상승하는 나선 골조 안에 이 모든 건물을 집어넣어 운동성을 표현한다는 대담하고 특이한 착상입니다. 실현되었다면 높이가 무려 400미터나 되는 붉은색 철골 구조물이 탄생했을 것입니다.

대표적인 구성주의 건축물을 살펴봅시다. 엘 리시츠키의 〈구름의 지주〉는 마천루로 보이는 '자본주의'를 수직으로 세우고 거기에 화물 반출입용의 거대한 크레인 같은 캔틸레버¹를 수평으로 올린 구조입니다. 모루와 해머를 닮아 공장 노동을 연상시킨다는 이유로 이런 형태가 특히 자주 쓰였습니다.

한편 1925년 파리 만국 박람회에 콘스탄틴 멜니코프가 만든 소련관은 쐐기 모양의 계단 지붕이 특징입니다. 이것이 평면, 입면과 어우러져 추상적인 다이너미즘을 만들어 낸 덕분에 멜니코프는 세계적 명성을 얻게 되었습니다.

일리야 골로소프의 주에프 노동자 클럽은 앞서 소개한 구성주의적 조형에 거대한 실린더를 융합한 작품입니다. 실린더를 건물 상부의 처마에 관통시킴으로써 극적인 구성뿐만 아니라 시각적 통일감을 만들어 내는 데에도 성공했습니다.

주에프 노동자 클럽
설계 : 일리야 골로소프

구름의 지주(1925)
설계 : 엘 리시츠키

파리 만국 박람회 소련관(1925)
설계 : 콘스탄틴 멜니코프

이처럼, 구성주의의 배경에는 기계를 통한 생산을 예찬하고 노동자가 만드는 공업 재료의 기능적 아름다움을 인식시키려는 의도가 있었습니다.

구성주의는 기계와 노동의 조합이야말로 다음 시대를 개척할 새로운 예술이라고 믿었습니다. 따라서 구성주의 건축은 그야말로 혁명을 축복하는 기념탑과도 같았습니다.

이 운동은 기존 제도 및 전통과의 투쟁이기도 했습니다. 그래서 군사 용어에서 비롯된 '전위'라는 이름을 붙인 것입니다.

그러나 1930년대 이후 스탈린이 사회주의 리얼리즘을 채택하자 전위 예술이 탄압받기 시작합니다. 그런 상황에서도 면과 직각을 활용한 구성주의의 기하학적 미학은 데스틸(53 참조)로 이어졌고 모더니즘(54 참조), 퓨리즘(57 참조)으로도 진화했습니다.

---

1   한쪽 끝은 고정되고 다른 끝은 받쳐지지 않은 상태로 된 구조물의 형태.

51

세기의 과학자를 위한 표현주의 건축의 결작

아인슈타인 탑(1921)

아인슈타인 탑
독일 포츠담 천문대에 있는 태양관 측용 탑망원경. 기묘함과 자유로움이 어우러진 표현주의의 결작.

아인슈타인
(1879~1955)

근대 기술의 발달로 19세기 말 독일의 국력은 정점에 달했습니다. 자동차, 기차, 증기선, 전신 기술 등 세기의 발견과 발명이 줄지었고 물자는 넘쳐났으며 생활은 편리해졌습니다. 사람들은 자유롭게 새로운 시대를 누리기만 하면 될 듯했습니다.

그러나 합리성으로 점철된 도시는 결국 인간마저 소외시켜 버렸습니다. 그런 가운데 독일의 많은 건축가와 미술가가 '건축과 공예는 실용적이고 기능적일 뿐만 아니라 자유롭고 매력적인 형태여야 한다'라고 주장했습니다.

그 결과, 그런 사상을 구현한 표현주의 건축이 1910년대 초에 등장했습니다. 표현주의란 인간의 내면을 표출하는 데 집중하는 예술 사상이었으므로 그 특징도 다양했습니다. 여기서는 표현주의의 대표적 건물 네 곳의 특징을 살펴볼 것입니다.

① <프리드리히가의 사무용 건물>: 다이아몬드의 심볼리즘(이야기성)

예술가들은 다이아몬드를 '평범한 광물이 자연계의 격렬한 변화에 노출되었을 때 생겨나는 고귀한 물질'이라고 여겼습니다. 이런 생각은 '평범한 일상이라도 매일 예술품에 둘러싸여 살면 새로운 삶을 살 수 있다'라는 이야기로 승화했습니다.

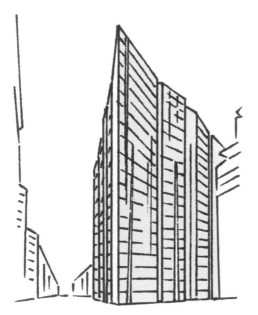

〈프리드리히가의 사무용 건물〉
(계획안, 1921)

설계 : 미스 반데어로에
다이아몬드 모양으로 우뚝 선 고층 건물은 유리 커튼월에 덮여 있어 빛나는 다이아몬드처럼 보인다.

② 제2 괴테아눔: 생성과 변화의 이미지(생명체)

가역성 높은 철근 콘크리트(RC)를 써서 조각에 가까운 형태를 만들었습니다. 이처럼 건물 자체를 생명체로 인식하는 사고방식은 자연의 유기체처럼 변화하는 건축물을 지향하는 흐름을 낳았습니다.

제2 괴테아눔(괴테관)
(1924~1928)
설계: 루돌프 슈타이너
RC가 실현한 가역성.

226

③ 더다헤라트 집합주택: 인간과 자연의 일체감(소재)

소재는 사람의 눈과 몸에 매우 큰 영향을 끼칩니다. 그래서 표현주의 건축가들은 대지의 흙을 뭉치고 굳혀 만든 벽돌을 사람의 손으로 쌓는 것이야말로 건물에 생명을 부여하는 과정이라고 생각했습니다.

암스테르담파의 더다헤라트
(De Dageraad) 집합주택(1923)
설계 : P. L. 크라머르 외

④ 스톡홀름 시청사: 고딕 건축의 이미지(수작업과 예술)

고딕 건축물은 수많은 장인이 힘과 기술을 합쳐서 만들어 낸 종합 예술이며, 마음이 고요해지는 성스러운 공간입니다. 그래서 건축가는 고딕 양식을 선택하여 사람을 위한 공간을 짓고 수작업의 아름다움, 예술성의 회복을 추구했습니다.

표현주의 예술가들은 '예술은 민중의 생활과 함께해야 하고 건축은 다양한 예술이 결집한 종합 예술이 되어 새로운 생활을 창조해야 한다'고 주장했습니다.

또한 동시대의 네덜란드에서는 표현주의와 비슷한 예술을 지향하는 암스테르담파가 생겨났습니다. 그들 역시 민중의 생활과 예술이 하나가 된 풍요로운 사회를 만들고자 했습니다.

스톡홀름 시청사 (1906~1923)
설계 : 랑나르 외스트베리
북유럽 고딕 양식과 표현주의가 융합했다.

52

지금까지 이런 성당은 없었다

르랑시의 노트르담 성당(1923)

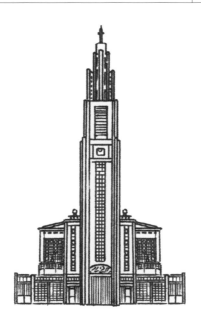

르랑시의
노트르담 성당

　고대 로마에서 천연 시멘트(로만 콘크리트, 10 참조)를 사용한 이후 1800년이나 지난 1824년, 드디어 석회암과 점토를 구워 분쇄한 포틀랜드 시멘트가 발명되었습니다(영국인 조지프 애스프딘이 처음으로 특허 취득).

　시멘트 콘크리트는 이윽고 훨씬 강한 철근 콘크리트의 발명으로 이어졌습니다. 그 계기를 만든 사람은 깨지지 않는 화분을 찾아 시행착오를 거듭했던 프랑스의 조경 전문가 조셉 모니에르입니다.

　오귀스트 페레는 당시 아직 낯선 소재였던 철근 콘크리트에서 '근대

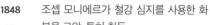

철근 콘크리트(RC)의 역사

1848   조셉 모니에르가 철강 심지를 사용한 화
  ▼   분을 고안, 특허 취득.

1852   프랑수아 쿠아네가 철강 콘크리트를 사
  ▼   용한 주택을 파리에 지음.

1873   미국의 건설업자 윌리엄 워드[1]가 철근을
  ▼   배치하는 방법을 고안.

1892   프랑수아 엔비크가 철근 콘크리트 공법
시스템을 발표. 그 후 RC가 비약적으로 보
급됨.

오귀스트 페레(1874~1954)
벨기에 브뤼셀에서 태어나 프랑
스에서 활약한 건축가.

229

건축 고유의' 표현을 찾아낸 건축가입니다. 그는 다음 두 가지를 제안
했습니다.

  ① 벽이 아닌 축조 구조(기둥과 들보로 구성된 구조물)로 지탱되는 건물
     을 만들자.

  ② 콘크리트를 노출시키자.

이처럼 **모더니즘의 단순한 형태와 고전주의 미학을 통합하려고 노
력한 결과 탄생한 세계 최초의 철근 콘크리트 노출 건물이 파리 근교
도시 르랑시에 세워진 노트르담[2] 성당입니다.**

지금은 세계 유산이 된 이 건물은 완공 당시에는 유감스럽게도 좋은
평가를 받지 못했습니다. 당시에는 데스틸, 퓨리즘, 표현주의 등이 앞서
가는 양식으로 꼽혔고 철근 콘크리트 노출은 사람들의 관심을 받지 못
했기 때문입니다.

그러던 중 일본에서 활동하던 체코 출신 미국 건축가 안토닌 레이먼
드가 예외적으로 관심을 갖고 자택을 짓는 데 이 마감 방식을 썼습니

르랑시의 노트르담 성당 내부

고딕 교회의 기둥(피어)은 수직으로 똑바로 올라가 리브 볼트를 거쳐 하나의 정점으로 모이지만, 이곳의 피어는 볼트 천장을 만나자마자 멈춘다. 기둥을 잘 보면 요철이 있다. 고전주의 오더의 수직 홈을 적용한 것이다.

스테인드글라스

고딕 교회를 재현한 듯한 스테인드글라스가 다채로운 빛으로 교회당을 가득 채운다. 전쟁 직후여서 건축 비용을 최소화하기 위해 가늘고 얇은 철근 콘크리트를 선택했다.

다. 르랑시의 성당을 지은 지 1년 뒤인 1924년, 일본 최초의 콘크리트 노출 건물이 등장한 것입니다. 그 후 일본의 노출 콘크리트 역사는 레이먼드, 마에카와 구니오, 단게 겐조를 거쳐 안도 다다오에 이릅니다.

　사실 처음에는 공장, 창고, 또는 하급 주택을 값싸게 짓기 위해 철근 콘크리트 구조를 쓰는 사람이 많았습니다. 그러나 지금은 철근 콘크리트가 대규모 건축에 필수가 되었고, 그 디자인에 대한 평가도 높습니다. 시대가 변하면 그 시대에 어울리는 건축 양식과 공법도 달라지는 것입니다.

1　미국 기계 기술자. 미국 최초의 철근 콘크리트 건물인 워드 하우스(William E. Ward House 혹은 Ward's Castle)를 지은 것으로 유명하다.

2　'우리들의 귀부인'이라는 뜻으로, 성모 마리아를 일컫는다. 가톨릭 성당의 이름으로 널리 쓰인다.

53	가구 디자이너가 지은 주택, 세계 유산이 되다	모더니즘 건축 데스틸 헤릿 릿펠트

슈뢰더 하우스(1924)

슈뢰더 하우스
가구 디자이너였던 릿펠트의
건축가 데뷔작.

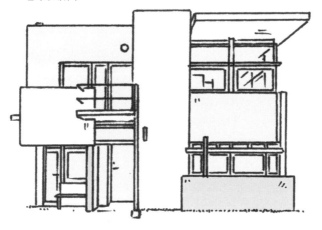

데스틸은 제1차 세계대전의 혼란 중에도 추상 예술을 비롯한 서양 미술계를 활성화하고 건축 학교인 바우하우스 설립에 영향을 미치는 등, 종교와 미술을 비롯한 다양한 예술 분야에 크게 공헌한 예술 운동입니다.

이 운동에 참여한 테오 반두스뷔르흐와 피에트 몬드리안 등의 화가, 조각가, 건축가는 기관지 《데스틸》을 중심으로 뭉쳐 예술과 생활의 융합을 추구하고 그림에서부터 건축에 이르는 모든 생활 환경에 디자인

헤릿 릿펠트
가구 제작자인 아버지 밑
에서 어릴 때부터 가구를
디자인했으며 거의 독학
으로 건축을 배웠다.

레드 앤 블루 체어

을 결합하는 데 힘썼습니다. 이들은 몬드리안이 제창한 신조형주의(네오플라스티시즘)를 기본 이념으로 삼고 삼원색(빨강·파랑·노랑), 무채색에 수평, 수직선이라는 한정된 요소로 전체를 구성하는 방식을 썼습니다. 이런 디자인이 실현된 작품이 레드 앤 블루 체어입니다.

그리고 데스틸을 건축에 응용한 것이 면과 선으로 이루어진 전위 주택, 슈뢰더 하우스입니다.

슈뢰더 하우스는 네덜란드 위트레흐트에 위치한 전통적인 벽돌조 교외 주택입니다. 오로지 면과 선(수평, 수직)으로만 건물 외관을 완성한 뒤 벽면은 무채색, 부재는 빨강, 파랑, 노랑의 원색으로 칠한 이 전위적 디자인은 건축계에 신선한 충격을 주었습니다.

슈뢰더 하우스 외관
전통적인 벽돌조 교외 주택. 흑백 벽면과 삼원색의 철골 부재가 어우러진 외관이 특징이다.

가벽을 전부 닫으면 공간이 침실, 거실, 식당으로 나뉘므로 사생활이 보장된다.

가벽을 전부 열면 개방적인 원룸이 된다.

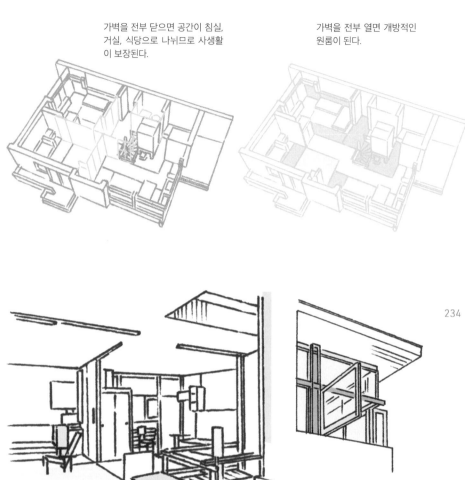

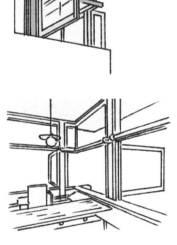

슈뢰더 하우스의 내부와 창호
2층 거실 겸 식당의 구석에는 기둥을 두지 않고 코너 창을 설치했다. 시야에 걸리는 것이 없어 경치를 마음껏 음미할 수 있다.

슈뢰더 하우스의 가장 큰 특징은 방을 자유롭게 나눌 수 있는 구조에 있습니다.

낮 동안 주로 생활하는 2층의 가벽을 전부 없애면 2층 전체가 끝까지 시선이 통하는 원룸이 되고, 욕실 칸막이까지 열면 계단을 끼고 한 바퀴 빙 돌 수 있는 동선이 생깁니다. 한편 밤에는 가벽을 닫아서 세 개의 방과 거실, 식당으로 나눌 수 있으므로 각자의 사생활을 지킬 수 있습니다. 유동적이고 기능적인 이 구조는 데스틸이 추구하고자 하는 이념 그 자체라고 할 수 있습니다.

이처럼 데스틸은 면과 선의 조합만으로 전체를 구성하려 했습니다. 이 '면과 선의 기하학적 미학'은 바우하우스와 퓨리즘, 유니버설 스페이스에 이르는 현대 건축 양식의 뿌리가 되었습니다.

전 세계 건축가와
디자이너들의 성지

데사우의 바우하우스(1926)

파구스 구두 공장(1911)
설계 : 발터 그로피우스, 아돌프 마이어

모더니즘 건축은 20세기 이후 전 세계의 모든 건축물을 삼켜 버릴 것처럼 빠르게 퍼져 나갔습니다. 그 중심 기지가 독일 데사우에 있는 바우하우스였습니다.

1900년대 초 독일은 기계를 통한 제품의 대량 생산으로 국제 경쟁력을 키우려 했습니다. 그래서 근대 디자인 운동가 헤르만 무테지우스는 품질 향상과 공업에 맞는 생산 이념을 실현하기 위해 1907년 '독일 공작연맹'을 설립했습니다. 이런 분위기 속에서, 나중에 바우하우스 초대 교장이 된 발터 그로피우스도 바우하우스를 창립하기 전부터 모더니즘 건축의 초기 작품 중 하나인 파구스 구두 공장을 짓고 있었습니다.

우연의 일치가 아니라, 공장은 원래 효율적인 생산 시스템이 중요한 시설이어서 단순하고 실용적이어야 합니다. 문화적 장식을 배제하기 쉽다는 이유로 그로피우스가 건축을 맡았을 것입니다.

발터 그로피우스
(1883~1969)
바우하우스 초대 교장. 근대 건축의 거장 중 한 명. 아트 앤 크래프트, 표현주의, 데 스틸과도 영향을 주고받았으나 결국은 모더니즘 건축을 완성한다.

바우하우스는 1919년 독일 바이마르에 세워진 학교로, 원래는 아트 앤 크래프트 운동(40 참조)을 위해 만들어졌던 미술 공예 학교에서 갈라져 나왔습니다. 그래서 바우하우스의 이념은 '건축, 조각, 회화를 하나로 융합한 미래의 신건축 고안과 창조'로, 독일공작연맹의 이념보다는 아트 앤 크래프트 운동의 사상에 가까웠습니다.

그러나 바우하우스는 결국 경영난 때문에 독일공작연맹이 지향했던 대량 생산 디자인으로 궤도를 수정합니다. 그로피우스가 기능주의로 방향을 튼 것입니다. 그 결과, 바이마르의 바우하우스 교장실은 흰색과 직각의 미학을 관철해 냉철한 모더니즘의 이상을 드러내는 공간이 되었습니다.

237

바이마르의 바우하우스 교장실(1923)

데사우의 바우하우스(1926)

그리고 드디어 오늘날 모더니즘 건축의 원형이 되는 데사우의 바우하우스가 탄생했습니다.

이 바우하우스를 원형으로 삼아 흰 상자 모양의 건물에 연속 창을 내는 건물 형식이 전 세계에 널리 퍼졌습니다. 어떻게 이런 상황이 벌어졌을까요?

산업혁명으로 시작된 과학과 기술의 시대가 역사와 전통문화를 존중하는 역사주의를 지워 버리려 했기 때문입니다.

그러자 기술자와 건축가들은 '이래서는 안 되겠다'라며 잊었던 고딕과 고대 그리스, 로마 리바이벌, 심

> **◆ 당시 모더니즘의 주요 주장**
>
> • 고전주의를 연상시키는 대칭적 평면, 입면 금지.
> • 경사 지붕, 아치, 돔, 오더 등의 모티브 금지.
> • 표면 장식 금지.
> • 단순한 상자 같은 형태.
> • 평평하고 무늬 없는 벽면.
> • 단순하고 경제적인 구조.

지어 이국 스타일까지 손에 잡히는 대로 가져다 쓰기 시작했습니다. 낡은 장난감과 흰 상자 사이를 왔다 갔다 하는 듯한 상황이 한참 동안 이어졌습니다.

그러나 결국 참고할 과거조차 잃어버리고 막다른 곳에 이른 건축가들은 인간의 감수성 자체를 탐구하기 시작했습니다. 구체적으로 풀어 말하자면, 식물에서 아르누보(44 참조)가, 광물에서 아르데코(56 참조)가, 기하학에서 데스틸(53 참조)이, 그리고 수식에서 모더니즘 건축이 태어났다고 할 수 있습니다.

사람은 식물로 목숨을 유지하고 식물은 광물을 필요로 하고, 광물의 결정은 기하학으로 구성되며, 기하학은 수식으로 성립됩니다. 하지만 건축이 수식의 단계에 이르면 그때부터는 풍토성이나 국적, 역사, 문화를 전혀 느낄 수 없습니다.

그러면 건축은 정체된 것일까요?

아닙니다. 그로피우스에 이어 미스 반데어로에와 르코르뷔지에, 나아가 속속 새로운 시대의 건축가들이 다시 새로운 건축을 만들어 나갑니다. 어떤 환경에서든 건축의 미래에는 끝이 없습니다.

55 | 무엇이든 가능한 공간, 유니버설 스페이스

바르셀로나 파빌리온(1929)

바르셀로나 파빌리온

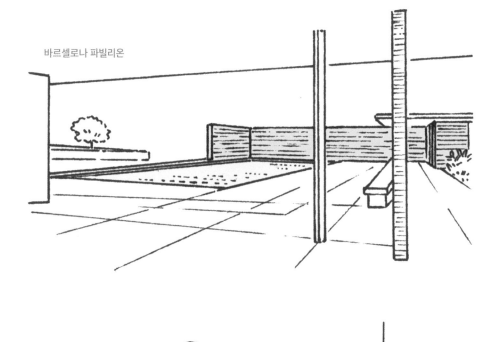

〈콘크리트 사무 건물 계획안〉(1922)

〈벽돌조 전원주택 계획안〉(1924)

데사우의 바우하우스를 필두로 모더니즘이 전 세계로 퍼진 이후 '이제 건축에는 미래가 없다'라고 생각하는 사람이 많았지만, 거기서 앞으로 더 나아간 건축가가 있었습니다. 바로 미스 반데어로에입니다.

미스 반데어로에(1886~1969)
독일 출신. 석공의 아들. 건축 교육을 받지 않고 제도공으로 일하다가 설계를 배워서 독립했다. 1930년대에 바우하우스 3대 교장으로 취임. 근대 건축 운동의 중심인물 중 한 명.

미스도 초기에는 신고전주의를 표방했지만, 차츰 획기적인 계획안을 발표하며 아방가르드 건축가로 알려지기 시작했습니다.

1922년 그가 발표한 〈콘크리트 사무 건물 계획안〉을 보면, 상당한 하중에도 불구하고 균일한 유리 피복과 외벽을 적층하여 매우 균질한 새로운 공간을 만들어 낸 것을 알 수 있습니다. 이 시점에 미스가 스스로 어디까지 생각하고 있었는지 모르지만, 다양한 기능에 대응하는 보편적 공간인 '유니버설 스페이스'의 이념이 이미 포함되어 있는 것으로 보입니다.

한편, 〈벽돌조 전원주택 계획안〉에는 자립식 벽이 자유롭게 배치되어 있습니다. 이때부터 다양한 방향으로 유연하게 변화하는 공간이 등장한 것입니다.

이런 아이디어가 마침내 실제 작품으로 탄생한 것이 **바르셀로나 만국 박람회의 독일관, 통칭 '바르셀로나 파빌리온'**입니다.

미스는 바르셀로나 파빌리온에서 벽과 기둥을 아슬아슬한 수준까지 없애고 바닥에서 천장까지 유리를 끼워 넣었습니다. 데스틸의 평면적 형태에 라이트가 로비 하우스에서 표현한 프레리 스타일을 융합한 것입니다.

극도의 추상성을 내포한 '아무것도 없는 공간'은 많은 사람에게 충격을 주었습니다. 심지어 그 후 판스워스 하우스에서는 칸막이벽을 없애 방의 개념까지 해체했습니다. 실제 작품을 통해 유니버설 스페이스의 개념을 제시한 것입니다.

'아무것도 없는 공간'은 매우 가변적이어서, 필요에 따라 가구 배치를 자유자재로 할 수 있다는 것이 가장 큰 장점입니다.

베를린의 신국립 미술관에서는 사상 최대 규모의 유니버설 스페이스가 등장했습니다. 미스가 만들어 낸 이 유니버설 스페이스를 통해 바우하우스와 퓨리즘(57 참조)이 전파했던 상자 같은 건물의 이미지는 완전히 해소되었습니다.

미술관은 마치 무한히 퍼져 나가는 공간의 일부에 유리 칸막이가 내려온 것 같은 모습입니다. 땅과 벽, 창의 경계, 안과 밖의 구분뿐만 아니라 좌우의 방향마저 사라진, 마치 수식의 좌표처럼 극도로 균질한 공간이 출현한 것입니다.

물질의 최종 도달점이 원자이듯, 건축의 도달점은 균질한 공간입니

베를린 신국립 미술관(1968)

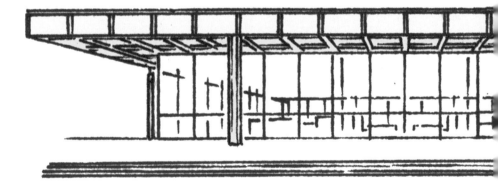

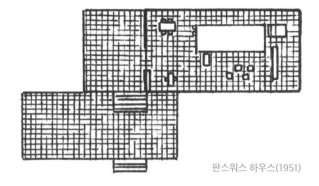

판스워스 하우스(1951)

다. 여기서 근대 건축은 하나의 목표에 도달한 셈입니다.

지금부터는 본격적으로 현대 건축에 관한 이야기를 하려 합니다. 포스트모던 건축, 하이테크 건축(64 참조), 해체주의 건축, 한층 진화하는 목재 건축 등 매력적인 건축 이야기가 아직 많이 남아 있습니다.

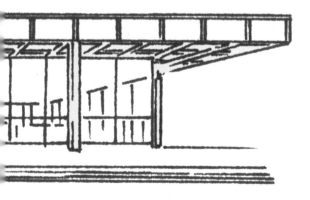

화려한 뉴욕의 마천루는 어떻게 만들어졌나

크라이슬러 빌딩(1930)

크라이슬러 빌딩

이제 건축의 무대를 제1차 세계대전으로 피폐해진 유럽에서 전쟁 후 존재감이 현저히 커진 미국으로 옮겨 봅시다. 당시 미국의 마천루에서는 아르데코를 심심치 않게 찾아볼 수 있었습니다. 왜일까요?

일단, 아르데코는 '강한 이념이나 주장이 없는 유연한 스타일'이었습니다. 그래서 식민지 독립 운동이 활발했던 시대에 자국의 국가적 정체성을 표방하기 위한 양식으로 적절했습니다. 아르데코가 전 세계로 확산된 최초의 건축 양식이 된 데에는 이런 배경이 있습니다.

◈ 아르데코의 원칙

그렇군!

- 근대 기술의 산물인 철근 콘크리트를 도입한다.
- 그 나라의 국민성, 역사, 전통, 지역성 등의 요소를 표현한다.
- 풍요, 사치, 쾌락을 즐기는 대중을 위한 건물이므로 여유와 즐거움이 있어야 한다.

◈ 아르데코 양식의 특징

창은 대개 세로로 긴 형태로 간격을 맞춰 나열되고, 벽면에서 움푹 들어가 있으며 주변에 몰딩[1]이 설치된다(모더니즘에서는 창문과 벽이 평평하게 이어짐).

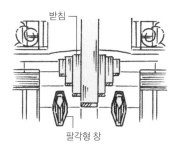

받침

팔각형 창

원과 타원, 팔각형 창과 지그재그 선, 방사상 선, 그리고 마야, 잉카, 이집트 문양 등 기하학적 장식을 주로 쓴다(모더니즘은 장식 배제).

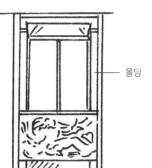

몰딩

코니스

부조
장식 기둥

장식 기둥과 장식 들보를 노출하고 처마에도 코니스를 달아 상하 좌우 벽면을 분할했다(모더니즘은 일체화).

245

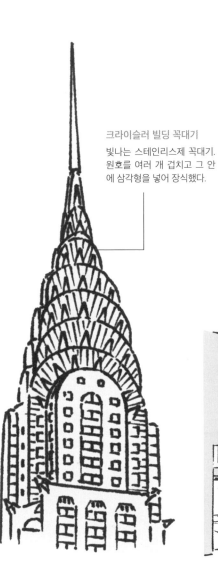

크라이슬러 빌딩 꼭대기

빛나는 스테인리스제 꼭대기.
원호를 여러 개 겹치고 그 안
에 삼각형을 넣어 장식했다.

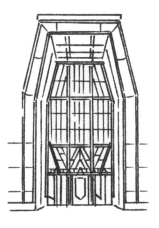

입구의 문

비스듬한 선과 지그재그 선을 활용한
미래적 디자인. 지금 보아도 우주선이
떠오른다.

입구 홀

구석구석 빛나는 대리석과 금속의 질감이 돋보인다.
조명은 스테인리스스틸 반사판이 붙은 네온전구다.

식민 지배를 받다가 독립한 미국은 자유의 가치를 소중히 여겼고, 자유를 표현하는 양식(상징)으로 아르데코를 선택했습니다. 따라서 미국의 모든 도시에서 아르데코 양식을 찾아볼 수 있습니다. 그중에서도 다양한 작품이 있는 곳이 뉴욕으로, 이 시대에 지어진 거의 모든 마천루의 개구부와 정상부에서 전형적인 아르데코 장식을 볼 수 있습니다. 게다가 미국에는 죽을 때까지 아르데코식 세부 장식을 버리지 못한 프랭크 로이드 라이트(47 참조)가 있었습니다.

시대적으로는 모더니즘 건축(54 참조)이 세계의 공통 언어가 되었으므로 장식은 쓸데없는 군더더기라며 배척당하고 있었습니다.

그러나 사람들은 먼 옛날부터 좀 더 풍요롭고 행복하게 살고 싶은 마음을 장식에 담았습니다. 만약 '기능'만을 추구한다면 옷에도 장식이 없었겠지요. 하지만 그렇지 않았습니다. 장식은 인간의 본능을 표출하는 데 꼭 필요한 수단이었습니다.

---

1   건재와 건재 사이의 이음매를 가리기 위해 사용하는 띠 모양의 부재.

57	'필로티'를 만든 건축의 거장	모더니즘
		데스틸
		퓨리즘
		르코르뷔지에
	빌라 사보아(1930)	

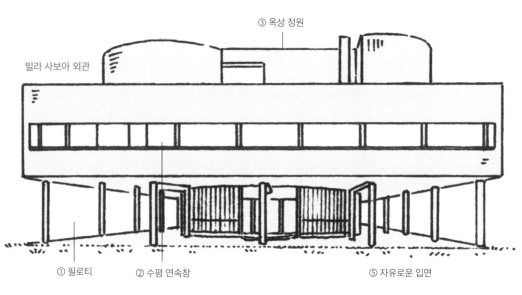

③ 옥상 정원

빌라 사보아 외관

① 필로티　　② 수평 연속창　　⑤ 자유로운 입면

④ 자유로운 평면

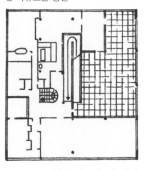

평면의 개방성에 주목하자. 이전의 서양 건물은 구조상 벽이 많고 창이 적어서 내부로 들어오는 빛이 제한적이었다. 창 형태도 세로로 긴 것이 기본이었다. 한편 빌라 사보아에는 수평 연속창이 설치되어 있어 여러 방향에서 다양한 크기와 형태의 빛이 들어온다.

빌라 사보아 2층 평면

근대 건축의 중심인물 중 한 명인 르코르뷔지에는 데스틸과 장식을 부정한 건축가 아돌프 로스(오스트리아에서 활약)에게 큰 영향을 받았습니다. 그래서 큐비즘 조형을 '장식적'이라고 비판하고 '더 합리적이고 질서 잡힌 구성이 바람직하다'라고 주장했습니다.

그래서 기하학적으로 구성된 퓨리즘(순수주의)을 회화의 바람직한 형식으로 여겼습니다. 그리고 마침내 '흰색'을 기조로 한 자신의 건축에 이 퓨리즘을 반영합니다.

퓨리즘 건축의 특징을 간단하게 요약하자면 '흰색과 직각을 기하학적으로 구성한 디자인'이라 할 수 있습니다. 그중에서도 르코르뷔지에가 설계한 빌라 사보아는 고도의 기하학과 '근대 건축의 5원칙'(①~⑤)을 융합한 퓨리즘의 걸작입니다.

기하학적으로 구성된 입면이라고 생각할 수 없을 만큼 내부 공간이 다양하고 다채로우며 개방적입니다.

'평면, 입면이 자유롭다'는 말을 들으면 '온갖 것을 다 갖다 붙였구나'라고 생각할지 모르지만, 이 저택은 기계적 정확성과 기하학 법칙에 따라 설계된 덕분에 아름다운 균형을 이루고 있습니다. 르네상스 등 과거의 건축에서 '비례 시스템'을 계승하려 했던 르코르뷔지에의 의도가 드러납니다.

여기서 르코르뷔지에는 자신이 '건축의 원형'으로 개발했던 도미노 시스템[1]을 활용하여 기둥, 들보를 외벽과 분리했습니다. 당시로는 획기적인 시도였습니다.

외관을 보면 직육면체가 떠다니는 듯

르코르뷔지에 (1887~1965)

스위스 출신. 화가가 되려다 건축으로 전향했다. 아시아 여행에서 고유한 건축물들을 발견하고 많은 것을 배운다. 라이트, 미스와 함께 근대 건축의 3대 거장으로 꼽힌다.

빌라 사보아 거실과 옥상 정원

한 인상을 받는데, 거기에 가장 크게 기여하는 것이 1층의 길쭉한 기둥입니다. 뒤로 물러선 1층 외벽이 그림자를 드리우는 덕분에 필로티[2] 구조의 특징이 더욱 두드러집니다.

도미노 시스템

사실 퓨리즘 양식은 데스틸이 찾아낸 흰색, 원색, 직각의 기하학적 미학의 연장선 상에 있습니다. 모더니즘을 탄생시킨 바우하우스도 이 흐름 중 하나라고 할 수 있습니다.

그런데 1929년 미스가 모더니즘 건축의 최종적 작품인 바르셀로나 파빌리온을 완성했기 때문인지, 이 무렵 르코르뷔지에는 기로에 서 있었습니다. 그래서 이전의 퓨리즘을 버리고 자연석과 벽돌의 촉감, 소재감을 살려 역동적인 형태와 공간을 만들어 내는 방식을 선택합니다.

그리고 나중에는 이전의 작풍으로는 전혀 예상할 수 없었던 건물을 완성합니다. 새로운 힘으로 꿈틀거리는 것처럼 보이는 롱샹 성당(61 참조)입니다.

이처럼 평생에 걸쳐 건축가로서 다양한 양식에 도전했기 때문에 르 코르뷔지에가 지금 전 세계에서 사랑받는 것일지도 모릅니다.

---

1 최소한의 얇은 철근 콘크리트 기둥들을 모서리에 세워 건물을 지탱하는 단순한 구조.
2 건축물을 지지하는 말뚝 또는 기둥을 가리키는 말. 오늘날에는 2층 이상의 건물 전체 또는 일부를 벽면 없이 기둥만으로 떠받치고 지상층을 개방한 구조를 말한다.

58

세상에서 가장 감동적인 스웨덴의 공원 묘지

스코그쉬르코고르덴(1915~1940)

성스러운 십자가

스코그쉬르코고르덴

스코그쉬르코고르덴[1](스웨덴어로 숲속 묘지라는 뜻)은 에릭 군나르 아스플룬드와 시구르드 레베렌츠가 설계한 곳으로, 자연과 근대 묘지가 조화된 모습에서 잔잔한 감동이 느껴지는 랜드스케이프[2]의 걸작입니다. 1915년 개최된 '자연의 숲을 활용한 묘지 설계' 국제 대회에서 우승한 설계안을 바탕으로 25년이라는 시간을 들여 천천히 완성한 작품이기도 합니다. 1935년부터

는 아스플룬드가 혼자 진행하였으므로, 마지막으로 완성된 숲속 화장터가 1940년에 타계한 그의 유작이 되었습니다.

아무렇게나 자른 자연석이 깔린 십자가의 길을 올라가면 대예배당의 로지아[3]가 나타납니다. 이곳의 거대하고도 성스러운 화강암 십자가는 '삶→죽음→삶'으로 이어지는 생명의 순환을 상징합니다. 십자가의 동쪽에는 '숲속 화장터'와 성십자가 예배당, 희망 예배당, 신앙 예배당이 있습니다.

아스플룬드의 유작이 된 숲속 화장터는 나란한 두 소예배당과 로지아가 있는 대예배당, 화장터를 합친 추모 공간입니다. 앞쪽의 높은 곳에 예배당을, 뒤쪽의 낮은 곳에 화장터와 관리를 위한 공간을 집약시키는 식으로 높낮이 차를 이용하여 건물을 배치했습니다. 이 모든 건물이 숲속 나무들과 조화를 이루며 아름다운 랜드스케이프를 만들어 내고 있습니다.

1920년에 아스플룬드가 설계한 숲속 예

253

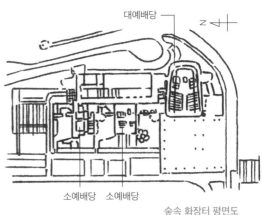

숲속 예배당

수련의 연못
숲속 화장터
명상의 언덕
성스러운 십자가

N

스코그쉬르코고르덴 배치도

대예배당

소예배당 소예배당

숲속 화장터 평면도

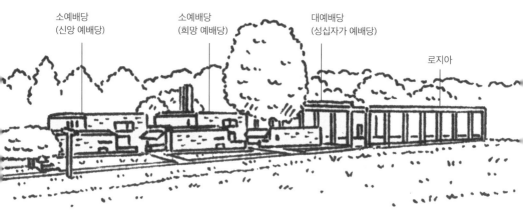

소예배당
(신앙 예배당)

소예배당
(희망 예배당)

대예배당
(성십자가 예배당)

로지아

숲속 화장터(아스플룬드, 1935~1940)

숲속 예배당(아스플룬드, 1920)

숲속 예배당 내부

수련의 연못

부활 예배당(레베렌츠, 1925)　　명상의 언덕(레베렌츠)

배당이 완성되었습니다. 소나무 숲으로 들어가면 널조각으로 된 세모 지붕을 머리에 인 작은 예배당이 나타나는데, 이것이 숲속 예배당입니다. 천장 낮은 열주랑을 거쳐 안으로 들어가면 반원형 돔으로 이루어진 예배당 안에 커다란 천창에서 들어온 고요한 빛이 넘치는 광경을 볼 수 있습니다.

레베렌츠가 설계한 부활 예배당은 1925년에 완성되었습니다. 고대 신전 같은 모습이 아스플룬드의 숲속 예배당과는 대조적입니다.

숲속 화장터의 서쪽에 있는 느릅나무 우거진 언덕 역시 장대한 랜드스케이프를 대표하는 곳으로서 침엽수 숲과 부활 예배당이 내려다보입니다. 아스플룬드의 숲속 화장터와 레베렌츠의 명상의 언덕 사이에는 두 개의 거울처럼 빛나는 수련 연못이 있습니다.

255

1　skogskyrkogården.
2　눈에 띄는 경치의 특색. 눈으로 보았을 때 한번의 조망으로 이해될 수 있는 모든 사물을 아우르는 외관을 뜻하며, 자연적 요소와 인공적 요소가 있다.
3　한쪽 또는 그 이상의 면이 트여 있는 방이나 복도. 특히 주택에서 거실 등의 한쪽 면이 정원으로 연결되도록 트여 있는 형태를 가리킨다.

59

핀란드에서 만나는
북유럽 고전주의

부활 예배당(1941)

부활 예배당

핀란드 건축가 에리크 브리그만이 설계한 부활 예배당에는 전쟁에 희생된 친구를 위한 기도의 마음이 담겨 있습니다. 브리그만은 핀란드에 있는 자신의 고향 투르쿠의 조용한 숲속에 이 단순한 건물을 지어 놓았습니다.

이 건물은 민족낭만주의(북유럽 고전주의)의 대표적인 작품으로, 기존의 교회에서 흔히 볼 수 있었던 스테인드글라스, 종교화 등을 배제하고 지역성과 전통 기술을 받아들여 지어졌습니다. 건물 안으로 스며드

부활 예배당 단면도
부드럽고 매끈한 곡선과 곡면으로 구성된 내부 공간.

아름다움이란, 건물에
씌워진 신비한 장막이
아니라 모든 것이 제자리에
있을 때 생겨나는 논리적인
결과입니다.

에리크 브리그만 (1891~1955)

는 햇빛, 제단과 함께 드러나는 숲의 풍경,
십자가 뒤로 보이는 담쟁이덩굴 등 자연의
요소를 건축에 능숙하게 끌어들인 점이 돋
보입니다.

　예배당 내부는 사람의 시선과 햇빛, 바
깥뜰의 조망을 고려하여 꼼꼼히 설계되었
습니다. 일반적으로 교회의 의자는 제단
을 정면으로 바라보도록 배치하기 마련이
지만, 이 예배당에서는 왼쪽으로 30도 정도 비스듬히 틀어진 상태에서
빛이 들어오는 제단을 향하도록 고정되어 있습니다. 이런 불편함을 감
수한 이유는, 그래야 외부의 아름다운 소나무 숲을 함께 볼 수 있기 때
문입니다.

　민족낭만주의는 이처럼 북유럽의 풍토와 자연을 디자인에 끌어들이

곡면이 아름다운
부활 예배당 내부

양쪽 벽면의 전면 개구부로
들어온 빛이 제단과 제단 뒤
의 벽면을 부드럽게 비춘다.

양쪽 벽면의 전면 개구부에는 이중 유리가 끼워져 있
다. 유리에는 여러 가지 엷은 색이 들어가 있어서 빛
이 비출 때 다양한 색이 섞인다.

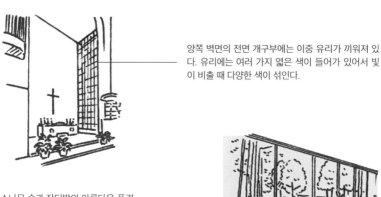

소나무 숲과 잔디밭의 아름다운 풍경
을 예배당 안으로 끌어들이는 커다란
수평 개구부.

예배당의 입구 부근 벽은 벽돌, 2층을 지탱하는 난간
부분의 벽은 나무와 파이프오르간으로 이루어져 있
다. 높은 곳의 단독 창으로 들어온 빛이 단순하면서
부드러운 건물의 구조를 돋보이게 한다.

려 했습니다. 세계 공통 언어였던 모더니즘과는 반대되는 사상이었던 셈입니다. 북유럽 특유의 이런 유연성은 북유럽 모더니즘으로 이어졌고 지금의 북유럽 문화를 낳았습니다.

60	르코르뷔지에가 지은 아파트?	모더니즘 모듈 철근 콘크리트 르코르뷔지에

마르세유의 유니테 다비타시옹(1952)

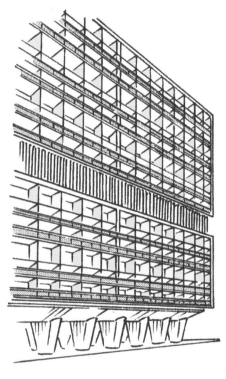

마르세유의
유니테 다비타시옹

르코르뷔지에

　르코르뷔지에가 처음으로 맡았던 프랑스의 공공사업이 이 집합주택을 건설하는 것이었습니다. 단순한 집합주택이었다면 '아파르트망'이라고 불러도 되겠지만 이 건물은 유니테 다비타시옹(주거의 통합체)이라는 이름에 걸맞게 생활에 필요한 다양한 기능을 갖추고 있습니다.

특징① 지상을 개방하고 공용 시설은 위로

길이 135미터, 폭 24미터, 높이 56미터의 이 건물은 두껍고 튼튼한 필로티 위에 올라가 있습니다. 보통은 공공시설이나 공용 시설이 저층을 차지하기 마련이지만, 이 건물의 저층은 보행로와 주차장, 주륜장으로 개방되어 있습니다.

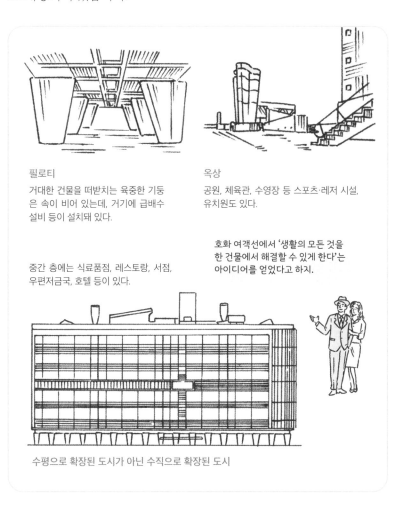

필로티
거대한 건물을 떠받치는 육중한 기둥은 속이 비어 있는데, 거기에 급배수 설비 등이 설치돼 있다.

옥상
공원, 체육관, 수영장 등 스포츠·레저 시설, 유치원도 있다.

호화 여객선에서 '생활의 모든 것을 한 건물에서 해결할 수 있게 한다'는 아이디어를 얻었다고 하지.

중간 층에는 식료품점, 레스토랑, 서점, 우편저금국, 호텔 등이 있다.

수평으로 확장된 도시가 아닌 수직으로 확장된 도시

특징② 동서 양방향의 채광을 실현한 단면 계획

어두운 중앙 복도를 지나 세대의 현관문을 열면 실내에 햇빛이 넘쳐 흐르는 것이 보입니다. 각 세대는 기본적으로 복층 구조이며, 동서 양 방향으로 창문이 있어서 오전과 오후의 햇빛을 모두 받을 수 있습니다.

'모든 세대에 햇빛을!'이라는 구호 아래 동서 양방향의 햇빛을 끌어들이도록 했다.

깊은 베란다가 한여름의 강한 햇빛을 차단하고 겨울이 햇빛을 깊숙이 끌어들이는 프리즈 솔레이유(해가리개)의 역할을 한다.

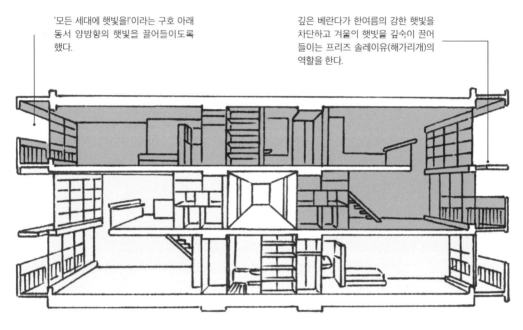

유디테 다비타시옹 단면도
23가지 타입의 총 337세대. 복층 구조가 기본.

특징③ 모듈에 기반한 균형감

'모듈'이란 코르뷔지에가 인체 치수와 황금비를 연구해 도출한 새로운 척도를 말합니다. 키가 183센티미터인 사람을 기준으로 삼으면 그가 손을 든 높이는 226센티미터가 됩니다. 코르뷔지에는 이런 인체 기

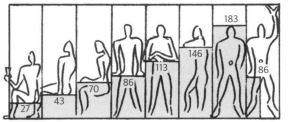

코르뷔지에의 모듈

226센티미터

반 치수를 활용하여 사람이 움직이기 편한 공간과 가구를 만들었습니다. 그는 인간이 쾌적하게 지내는 데 무한정 큰 공간은 필요 없으며 몸에 딱 맞는 공간이 가장 편하다고 생각했습니다.

이리하여 모듈로 정해진 각 부분의 치수는 천장고 2.26미터, 방 깊이 24미터였습니다. 얼핏 답답하게 느껴질지도 모르지만 실제로 생활해 보면 무척 아늑하고 쾌적한 공간입니다.

61

모더니즘의 일인자가 보여준
반전의 건축

롱샹 성당(1955)

이 지붕은 투박하고 무거워 보이지만 사실은
속이 비어 있는 쉘 구조이다. 철근 콘크리트가
실현한 자유롭고 조망적인 조형이다.

게의 등딱지에서 영감을
얻어 디자인한 외관.

롱샹 성당

철근 콘크리트 구조재, 가까스로 살아남은 옛 예배당
의 벽돌과 돌을 재이용하여 두꺼운 비내력벽을 쌓아
올린 다음 모르타르를 뿌리고 석회로 마감했다.

쿠튀리에 신부

롱샹 성당은 근대 건축의 거장 르코르뷔지에의 후
기 대표작입니다.

프랑스 동부에 위치한 작은 마을의 야트막한 언덕
을 오르다 보면 이 독특한 성당이 눈에 들어옵니다.

동쪽 벽에 나 있는 무수한 구멍으로 들어온 빛이
공간 전체에 장엄하고 신성한 분위기를 자아낸다.

벽과 지붕 사이의 틈새 창으로 빛이 들어오므로 지붕이
가볍게 떠다니는 듯한 신비한 느낌이 든다.

제2차 세계대전으로 파괴된 성 도미니코회 예배당의 재건 사업을 맡
게 된 쿠튀리에 신부 등은 종교 건축에 새로운 정신을 불어넣을 수 있
는 건축가로 르코르뷔지에를 선정했습니다. 나중에 르코르뷔지에 스스
로 '처음으로 조형적인 일을 했다'라고 말했듯, 이 교회는 빌라 사보아
(57 참조) 등으로 대표되는 이전의 합리적인 작품과는 전혀 다릅니다. 유
기적인 형태로 세상을 놀라게 했지요.

　내부로 들어서면 외관과 전혀 다른 분위기에 감탄하게 됩니다. 남쪽
벽에 달린 무수한 창의 스테인드글라스를 통해 다채로운 빛이 스며드

출입구가 있는 뒤쪽

는 모습이 무척 신비롭습니다. 그 외에도 세세한 장치를 활용하여 예배당에 어울리는 빛을 효과적으로 곳곳에 끌어들이고 있습니다.

르코르뷔지에는 건축사상 모더니즘 건축의 일인자로서 기능적, 합리적 이념에 기초한 건물을 속속 만들어 냈습니다. 그러나 롱샹 성당은 합리성과는 거리가 먼 조망적인 건물입니다. 한 시대를 주름잡은 거장이 만년에 탄생시킨 이 양식은 브루탈리즘 건축으로 불립니다. 그가 또한 번 새로운 건축적 표현을 만들어 낸 것입니다.

62

오래된 성이 현대적 미술관으로 재탄생하다

모더니즘
카를로 스카르파

카스텔 베키오 미술관(1964)

카스텔 베키오 미술관

　이탈리아 베로나에 있는 이 미술관은 14세기에 지어진 카스텔 베키오 성을 개축한 것으로, 시대에 따라 증개축을 거듭하다가 1923년 미술관이 되었습니다. 이후 전쟁으로 황폐해졌지만 1958년 이탈리아 건축가 카를로 스카르파가 이 미술관을 수리, 개축하여 새로운 건물로 탄생시키는 일을 맡게 되었습니다. 이처럼 낡은 건물을 재생시키는 일을 컨버전이라고 합니다. 6년에 걸친 공사 후 1964년 새로운 미술관으로 탄생했습니다.

원래 건물 중앙에 있었던 입구는 공사 때 동쪽 끝으로 옮겨졌습니다. 단순히 방문자가 전시물을 편하게 감상하도록 하려는 것은 아니었습니다. 새로운 미술관은, 입구로 들어간 모든 사람이 아름다운 공간에 눈이 휘둥그레진 다음 감상 동선을 따라 연속된 아치를 수없이 빠져나가면서 조각을 감상하도록 설계되어 있습니다.

이 미술관의 매력은 오래된 건물을 깨끗하게 수리했다는 데에만 있

카를로 스카르파 (1906~1978)
많은 고건물을 수리하고 개축한 이탈리아 건축가. 소재를 다루는 능력, 장식적이고 기술적인 디테일을 만들어 내는 능력이 뛰어났다.

감상자가 전시물의 교묘한 배치에 따라 몸의 방향을 바꾸거나 뒤로 돌아가도록, 눈에 보이지 않는 복잡한 동선을 미리 설계해 두었습니다.

아치 출입구에서는 전시실의 일부만 눈에 들어오게 되어 있습니다. 그 덕분에 보이지 않는 곳으로 마음이 이끌리게 됩니다.

아름다운 아치

지 않습니다. 어디에 어떤 전시물을 두느냐를 미리 정한 다음 거기에 맞게 공간과 시설을 배치한 것이 더욱 매력적입니다. 심지어 전시대나 전시 패널, 지지 철물까지도 모두 스카르파가 직접 챙겼습니다. 건물도 전시의 일부가 된 셈입니다.

전시실 모습

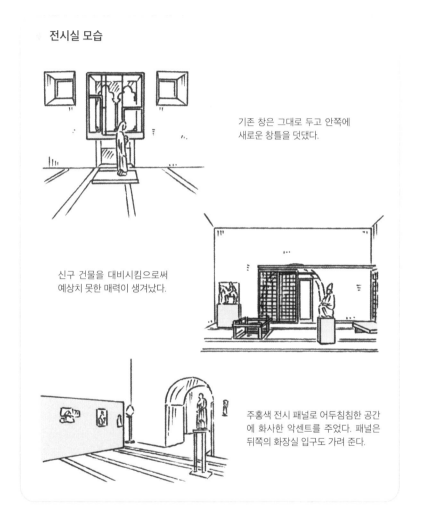

기존 창은 그대로 두고 안쪽에 새로운 창틀을 덧댔다.

신구 건물을 대비시킴으로써 예상치 못한 매력이 생겨났다.

주홍색 전시 패널로 어두침침한 공간에 화사한 악센트를 주었다. 패널은 뒤쪽의 화장실 입구도 가려 준다.

카스텔 베키오 미술관은 2층짜리 건물 두 동으로 이루어져 있으며, 두 건물 사이에는 도로가 있습니다. 그러므로 전시물을 감상하다 보면 자연스럽게 외부 공간으로 나가게 됩니다. 스카르파는 그 외부 공간을 감상의 흐름이 단절되지 않고 연결되는 공간, 또 잠시 숨을 돌릴 수 있는 공간으로 만들고 싶었을 것입니다. 결과적으로 스카르파의 의도대로, 매력적인 공간이 만들어졌습니다. 그래서 이 공간에 미술관의 주요 전시물 중 하나인 칸 그란데 기마상을 두고 방문객이 다양한 각도와 거리에서 감상할 수 있도록 했습니다.

공중에 매달린 콘크리트 노출 받침대에 기마상을 전시했다.

상을 가까이에서 감상할 수 있도록 발코니도 만들었다.

63	피카소를 초대할 만큼 매력적인 실험실 소크 생물학 연구소(1966)	모더니즘 철근 콘크리트 노출 기둥 없는 공간 루이스 칸

소크 생물학 연구소

여긴 하늘이 파사드가
되어야 해. 나무도 풀도
전혀 필요 없다고.

루이스 바라간
(1902~1988)

소크 생물학 연구소는 세계에서 가장 아름다운 건축물 중 하나이며, 전 세계의 순례자가 찾는 명소이기도 합니다. 또, 모더니즘을 대표하는 건축의 거장 루이스 칸이 설계에서 완공에 이르는 6년이라는 긴 시간 동안 의뢰인과 강한 신뢰 관계를 유지하며 만들어 낸, 죽기 전에 꼭 한번 봐야 할 건축물입니다.

설계 과정에서 루이스 칸은 광장 디자인 때문에 깊이 고민했습니다. 처음에는 나무를 많이 심어 연구자들의 휴식 공간으로 만들려고 했지만 썩 내키지 않았습니다. 그래서 멕시코를 대표하는 건축가 루이스 바라간에게 조언을 구했습니다. 그러자 바라간은 '여기에는 나무도 풀도 필요 없다. 하늘이 파사드가 되어야 한다'라고 대답했고, 칸은 자신의 뜻도 그렇다며 지금과 같은 상징적 광장을 설계했습니다.

소크 박사는 연구자들이 동일한 장소에서 동일한 시간을 보내고 있다고 자연스럽게 느낄 수 있도록 수도원(18 참조) 같은 안뜰과 회랑을 만들어 달라고 했습니다. 그리고 '피카소를 초대할 수 있는 실험실'을 만들어 달라고도 말했습니다. 그래서 칸은 태평양을 향한 광장을 가운데에 두고, 남쪽과 북쪽에 엄밀한 좌우대칭으로 건물을 배치했습니다.

272

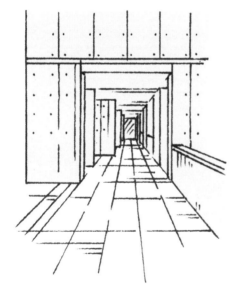

소크 박사는 칸에게 설계를 의뢰하면서 '피카소를 초대할 수 있는 실험실로 만들어 달라'고 요청했다고 한다.

이 연구소에서 가장 중요한 시설인 실험실은 넓고 여유로운 공간이어야 했습니다. 그런 공간을 만들기 위해 명심해야 할 두 가지가 있습니다.

① 아무것도 없는 횅한 공간이야말로 이상적인 실험실이다: 구조적 아이디어를 발휘하여 기둥과 들보가 공간을 가로막지 않도록 해야 한다.

② 매일 진화하는 실험 장치뿐만 아니라 배관 설비도 쉽게 교체할 수 있어야 한다: 설비를 쉽게 교환할 수 있도록 하고, 동시에 실험실에서는 잡다한 모습이 보이지 않도록 한다.

칸은 이 두 조건을 모두 만족시키기 위해 실험실의 공간을 '서브드 스페이스(돕는 공간)와 서번트 스페이스(도움받는 공간)'로 나누었습니다.

소크 생물학 연구소 단면도

서번트 스페이스
(설비 배관, 기계용 공간)

연구실

광장

대공간을 지탱하는 비렌딜 트러스
안으로 배관을 통과시킨다.

서브드 스페이스
(실험실)

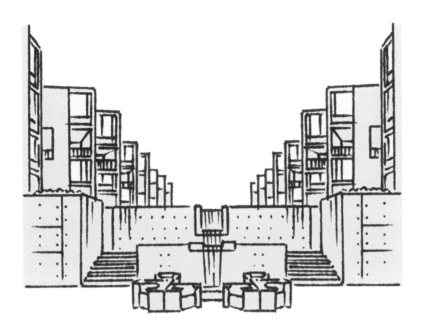

즉, 각 층의 공간을 실험실(서브드 스페이스)과 배관 공간(서번트 스페이스)으로 나누고, 그 구조를 번갈아 쌓아 올리는 것입니다. 구체적으로는, 속이 빈 큰 들보(비렌딜 트러스¹)로 실험실 공간을 지탱하되, 들보 속의 빈 부분을 배관 공간으로 이용했습니다.

이런 방식으로 상하층 사이에 설비만을 위한 공간을 확보하는 데 성공했습니다. 그 결과, 구조와 설비 계획이 일체가 된 합리적인 시스템으로 어떤 연구에든 대응할 수 있는 실험실도 완성되었습니다. 이 획기적인 시스템은 이후 미국의 수많은 병원 건축에 도입되었습니다.

---

1   수직 부재로만 이루어진 골조 구조.

64	프랑스의 자존심	하이테크
		기둥 없는 공간
		렌조 피아노
	퐁피두 센터(1977)	리처드 로저스

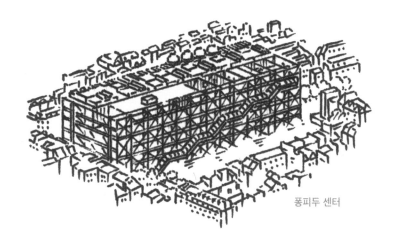

퐁피두 센터

19세기 인상파에서 20세기 큐비즘(48 참조)까지, 세계의 미술은 프랑스를 중심으로 움직였습니다. 그러나 제1차 세계대전 후 경제의 중심이 바뀌자 미술계에서도 미국의 존재감이 현저히 커졌습니다. 그 중심적 역할을 담당한 것이 1929년 설립된 뉴욕 현대 미술관(MOMA)이었습니다. 그리고 이런 상황에서 프랑스가 미술 종주국의 지위를 되찾기 위해 지은 건물이 퐁피두 센터였습니다.

렌조 피아노와 리처드 로저스

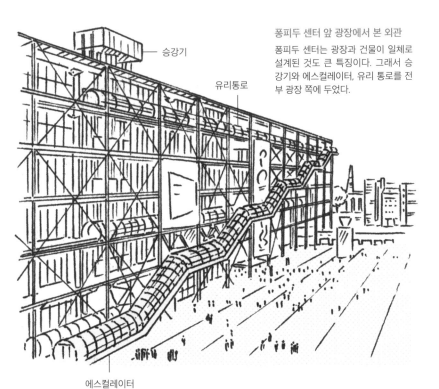

승강기

유리통로

에스컬레이터

퐁피두 센터 앞 광장에서 본 외관

퐁피두 센터는 광장과 건물이 일체로
설계된 것도 큰 특징이다. 그래서 승
강기와 에스컬레이터, 유리 통로를 전
부 광장 쪽에 두었다.

276

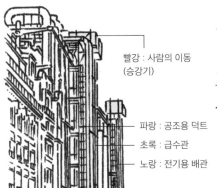

빨강 : 사람의 이동
(승강기)

파랑 : 공조용 덕트
초록 : 급수관
노랑 : 전기용 배관

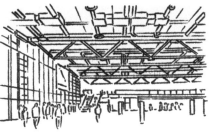

건물 내부는 기둥이 없는 가변적인 공간.

광장 맞은편 보부르 거리에 면한 벽에는 역할
에 따라 다른 색이 칠해진 알록달록한 배관들
이 지나가고 있어서 독특한 분위기가 난다.

미술 애호가이기도 했던 퐁피두 대통령이 퐁피두 센터 건축 계획을 발표했습니다. 1971년 국제 설계 공모가 열렸고, 거기서 렌조 피아노와 리처드 로저스의 설계안이 채택되었습니다.

센터의 중심 시설인 현대 미술관은 최상층 3개 층에 배치되었습니다. 그런데 근현대 회화와 조각, 설치 미술품 등 다양한 작품을 전시하기 위해서는 내부를 최대한 기둥 없는 공간으로 만들 필요가 있었습니다.

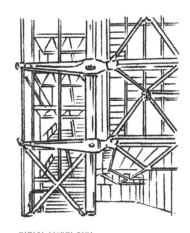

면밀히 설계된 입면
건물 외부를 뒤덮은 구조재는 여러 가지 부재로 조립되어 있다. 이 부재들도 다 건축가들이 디자인한 것이다.

다. 그래서 구조재뿐만 아니라 계단과 승강기까지도 건물 외부에 설치했습니다.

그 결과 일반적인 건물과는 분위기가 완전히 다른 구조물이 탄생했습니다. 퐁피두 센터는 기계(하이테크) 같으면서도 화려하고 역동적입니다. 이 독특한 외관을 둘러싸고 다양한 논쟁이 일어났지만, 퐁피두 센터는 결과적으로 본래의 목적을 이뤄 미술의 전당으로서의 확고한 지위를 갖게 되었습니다.

퐁피두 센터 설계를 전후하여 피아노, 로저스, 노만 포스터 등 하이테크파로 불리는 건축가들이 전 세계에서 크게 활약했습니다.

하이테크(하이 테크놀로지) 건축은 최신 기술을 구사하여 강인하고도 넓은 공간을 실현하는 설계 기법입니다. 그와 동시에, 이 기법으로 지은 건물들은 대개 합리적일 뿐만 아니라 경쾌하고 밝고 청결하며 심지어 시적인 아름다움이 넘쳐 무척 매력적입니다.

또 최근의 하이테크파 건축가들은 대부분 에너지 절감이나 환경 문제에도 관심이 많습니다. 예를 들어 피아노는 자연 통풍을 활용하여 공조 설비를 거의 쓰지 않아도 되는 건물을 설계하고 있습니다. 이처럼 하이테크 건축의 가능성은 점점 커지고 있습니다.

| 현대에 되살아난
고대의 피라미드

루브르의 유리 피라미드(1989)

루브르 피라미드

1981년, 프랑스의 미테랑 대통령이 파리 개선 계획인 '그랑 프로제'를 발표했습니다. 그 중심에 루브르가 있었습니다. 전 세계에서 쇄도하는 루브르 미술관 방문자에게 더 쾌적한 전시 환경을 제공하는 것이 그 목적이었습니다.

정부는 우선 루브르 미술관의 일부를 차지했던 재무성을 다른 곳으로 옮겨서 전시 공간을 넓힌 다음, 새로운 주 출입구의 설계자로 건축가 이오 밍 페이를 선정했습니다.

건축은 실용 예술입니다.
예술은 필요성에 기초하여
구축되어야 하지요.

이오 밍 페이(1917~2019)
중국계 미국인 건축가.

페이는 주 출입구를 지하 공간에 만들자고 제안했습니다. 따로 떨어져 있는 미술관 건물들을 지하 공간으로 연결하겠다는 합리적인 계획이었으나, 이 계획이 발표되자마자 거센 논쟁이 일어났습니다. 지하 공간에 자연광을 끌어들이기 위해 설계된 유리 피라미드 때문이었습니다.

이때의 논쟁에는 몇몇 쟁점이 있었습니다. 미테랑 대통령의 강압적 추진 방식을 비판하는 사람도 있었지만, 건축 자체에 대한 쟁점은 대략 아래와 같았습니다.

하나는 피라미드(01 참조)에서 연상되는 이미지입니다. 피라미드는 원래 묘지일 뿐만 아니라 타국인 이집트의 문화인데, 그런 것을 이렇게 쉽게 들여와도 되느냐며 비판하는 사람이 많았던 것입니다. 당시 프랑스 국민들은 고대 이집트 문명에는 경의를 표했지만 당시의 이집트에 대해서는 피지배국, 후진국이라는 이미지를 갖고 있었을지 모릅니다.

또 하나의 쟁점은 신구 건축의 조화였습니다. 기하학적 정사면체라는 형태도, 유리와 금속이라는 소재도 기존 미술관 건물과는 어울리지 않고 전체 경관을 해친다고 생각하는 사람이 많았습니다.

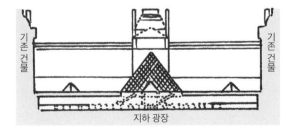

기존 건물

기존 건물

지하 광장

루브르 미술관 지하 홀 단면도
지하 광장이 기존의 건물들을 하나로 연결한다. 이 지하 광장에 자연광을 끌어들이기 위해 유리 피라미드가 설계되었다.

루브르 피라미드 내부

또한 루브르 미술관은 개선문과 콩코드 광장을 관통하는 중심축의 연장선상에 위치해 있는데, 이곳이 파리의 핵심적이고 상징적인 장소라는 사실도 논쟁을 부추겼습니다.

그래도 미테랑 대통령은 아랑곳하지 않고 계획을 추진했고, 유리 피라미드는 예정대로

파리의 중심축에 위치한
루브르 미술관

그랑 다르슈(신개선문)

에투알 개선문

콩코드
광장

센강

루브르 박물관

완성되었습니다.

설계자인 페이가 나중에 '거리에 나가면 사람들이 나를 노려봤다'라고 회상했을 만큼 당시 파리 시민들의 비판은 거셌지만, 오늘날 유리 피라미드는 파리의 상징이 되었습니다. 유리 피라미드가 합리성과 예술성을 갖춰 비판을 되받아칠 만큼의 설득력을 발휘하게 되었기 때문입니다.

부록

서양사 연표
서양 건축 지도

700만 년 전	인류의 선조 등장.
240만 년 전	호모 하빌리스 등장.
40만 년 전	네안데르탈인 등장. 망자를 애도하고 매장하는 문화.
20만 년 전	호모 사피엔스 등장. 라스코, 알타미라 등에 동굴 미술.
1만 년 전	지구가 온난해져 생산 경제(농경, 목축) 시작.
B.C. 3000	해상 교역 발달로 도시 발달, 에게 문명 탄생.
B.C. 2700	메소포타미아 문명에서 관개농업 시작. 세계 최초의 문자 등장.
B.C. 2700	이집트 문명에서 영혼 불멸의 사상, 사실적인 아마르나 미술 탄생.
B.C. 2590	메소포타미아 문명에서 우르 최초의 왕조 설립.
B.C. 1750	우르남무 법전이 발견되기 전까지 세계 최초로 여겨졌던 함무라비 법전 제작.
B.C. 1333	투탕카멘이 고대 이집트 제18왕조의 파라오로 즉위.
B.C. 1200	그리스에서 트로이 전쟁 발발.
B.C. 800	그리스 문명에서 도시국가 폴리스 탄생.
B.C. 753	로마 건국. 여기서 사용된 언어와 문자가 이후 유럽에 전파됨.
B.C. 384	철학자 아리스토텔레스 탄생. 자연학, 물리학 등 폭넓은 분야에서 토론, 저술.
B.C. 356	역사상 가장 성공한 군사 지휘관으로 꼽히는 알렉산드로스 대왕 탄생.
B.C. 247	로마 사상 최강의 적이자 천재 전술가인 한니발 탄생.
B.C. 100	로마 제국의 기반을 구축한 카이사르의 탄생. 뛰어난 연설가.
B.C. 73	고대 로마사상 최대의 노예 반란 스파르타쿠스의 난 발발.
B.C. 27	제정 로마 시작. 초대 황제 옥타비아누스 즉위.
B.C. 4	예수 그리스도 탄생. 30세에 세례를 받고 제자들과 선교를 개시.
30	예수가 예루살렘에서 처형됨. 이후 제자들이 기독교 창시.
64	로마 황제 네로가 기독교도를 로마 대화재 범인으로 지목하여 박해.
79	베수비오 화산 분화로 고대 로마 도시 폼페이 매몰.
132	로마 제국 지배에 대한 유대인 반란 '바르 코흐바(Bar-Kokhba)의 난' 발발.
313	밀라노 칙령으로 기독교도가 신앙의 자유를 얻음.
375	유목민 훈족에게 떠밀려 게르만인 대이동 시작. 로마 제국의 존속에 영향.

284

인류 선조의 것으로 보이는 두개골 화석 발견(700만 년 전).

동아프리카 탄자니아 올두바이에서 세계 최초의 건조물 유적 발견(190만 년 전).

우크라이나에서 매머드 뼈로 이루어진 주거 흔적 발견(4만 4천 년 전).

다수의 동굴 벽화 발견. 인류가 간헐적으로 동굴에서 생활했던 흔적(라스코 벽화 2만 년 전).

메소포타미아 하수나 주거 유적 발견(B.C. 6000).

메소포타미아 에리두에서 도시 및 신전 건설의 흔적 발견.

고대 이집트 건축

사카라의 계단 피라미드(B.C. 2620~)

기자의 3대 피라미드(B.C. 약 2500)

하트셉수트 여왕 신전(B.C. 약 1500)

아부심벨 신전(B.C. 약 1250)

콘스 신전(B.C. 약 1166~B.C. 1004)

우르의 지구라트(B.C. 2100경)

고대 그리스 건축

크노소스 궁전(B.C. 약 1600)

파에스툼(포세이돈 신전)(B.C. 약 460)

파르테논 신전(B.C. 447~B.C. 432)

에레크테이온(B.C. 421~B.C. 405)

에피다우로스 극장(B.C. 약 330)

아탈로스의 스토아[2](B.C. 약 150)

고대 로마 건축

베스타 신전(B.C. 2세기말~B.C. 1세기)

포로 로마노[1](B.C. 2세기경)

수도교(B.C. 약 20)

콜로세움(72~80경)

폼페이 도무스(79)

판테온(118~128)

카라칼라 욕장(212~216)

콘스탄티누스 개선문(315)

초기 기독교 건축

구 산피에트로 대성당(330~390)

산타코스탄차 성당(360경)

395	로마 동서 분열. 기독교가 가톨릭과 그리스 정교로 나뉨.
476	게르만인 대이동의 혼란 중에 서로마 제국 멸망.
481	게르만 부족인 프랑크족이 프랑크 왕국(메로빙거 왕조) 설립.
527	비잔틴 제국(동로마 제국) 황제로 유스티니아누스 1세 즉위.
529	유스티니아누스 1세의 명령으로 편찬된 로마법 대전 반포 및 시행.
555	유스티니아누스 1세가 동고트 왕국 멸망시킴.
570	이슬람교 시조이자 군사 지도인인 무함마드 탄생.
584	서고트 왕국의 코르도바(현 스페인)가 비잔틴 제국에 점령됨.
687	메로빙거 왕조의 재상인 페팽 2세가 프랑크 왕국의 실권 장악.
710	우마이야 왕조에서 도망친 아스투리아스 왕국이 재정복 운동(레콩키스타) 시작.
732	투르푸아티에 전투에서 프랑크 왕국이 우마이야 군 격파.
742	유럽의 아버지 샤를마뉴 국왕 탄생. 로마, 기독교, 게르만 문화의 융합.
768	카롤링거 왕조에 샤를마뉴 왕 즉위. 서유럽 전역을 세력하에 둠.
800	카롤링거 왕조의 샤를마뉴 왕이 로마 황제의 대관을 받음.
814	샤를마뉴 국왕이 서거하고 루트비히 1세가 프랑크 왕으로 즉위.
843	베르됭 조약으로 프랑크 왕국 분열. 프랑스, 독일, 이탈리아의 시초.
850	노르만족(바이킹)의 일파인 데인족이 잉글랜드 침략.
882	류리크가 키예프 대공국을 건국.
911	노르만족이 서프랑크 침공, 수장 롤로가 노르망디 공국 수립.
955	레히펠트 전투에서 작센 공국의 오토 1세가 헝가리인에게 승리.
962	로마 황제의 대관을 받고 신성 로마 제국(현재 독일) 건국.
987	서프랑크의 카롤링거 왕조 단절.
1000	이슈트반 1세가 헝가리 대부분을 통일, 왕국 건국.
1066	노르만 왕조(현재의 영국) 성립.
1077	파문당한 신성 로마 황제 하인리히 4세가 눈 위에서 사면을 청한 카노사의 굴욕.
1096	제1차 십자군으로 기독교 대 이슬람교 성전 시작.
1122	고위 성직자의 서임 권리 투쟁이 보름스 협약 체결로 일시 해결.
1147	제2차 십자군 원정 시작, 큰 전과 없이 패퇴.
1171	이집트 파티마 왕조 단절.

286

초기 기독교 건축

산타사비나 교회당(425~430)

산타 마리아 마조레 교회당(5세기 전)

비잔틴 건축

성 세르기우스·바쿠스 교회(527~536)

아야소피아 대성당(532~537)

서유럽 건축 활동의 정체

스크리푸 수도원 성당

(Skripou Monastery / Panagia Skripou)

(873~874)

전기 로마네스크 건축

아헨 궁정 예배당(792~805경)

산훌리안 데로스 프라도스 성당

(812~842)

코르바이 수도원(885)

생미셸 드쿠샤 수도원 교회당(974 헌당)

미렐라이온 수도원 교회당

(Myrelaion Monastery / Bodrum Mosque)

(920경)

로마네스크 건축

생마르탱 뒤카니구 수도원 교회당

(1001~1026)

슈파이어 대성당(1061)

산마르코 대성당(1063~1071)

피사 대성당(1063~1272)

생세르냉 성당(1080경)

퐁트네 수도원 교회당(1139~1147)

1204	제4차 십자군이 콘스탄티노플 점령, 라틴 제국 수립.
1215	마그나 카르타. 처음으로 국왕의 대권을 피지배자 측에서 제한하려 함.
1254	아시아 각지를 여행한 모험가 마르코 폴로 탄생.
1254	신성 로마 제국 콘라트 4세 서거. 대공위 시대 개시.
1295	잉글랜드 왕 에드워드 1세가 모범 의회 소집.
1302	프랑스 왕 필리프 4세가 삼부회 소집. 성직자, 귀족, 평민이 의회에 모임.
1309	프랑스 국왕이 교황청을 아비뇽으로 강제 이전(아비뇽 유수).
1337	백년전쟁 시작. 영국과 프랑스 격돌.
1348	페스트가 유럽에 퍼져 세계 인구 30% 희생.
1378	교회의 대분열. 로마와 아비뇽에 각각 교황 옹립.
1398	르네상스 3대 발명 중 하나인 활판 인쇄 기술을 발명한 구텐베르크 탄생.
1414	교황이 세 명인 사태를 해소하기 위해 콘스탄츠 공의회 개최.
1429	백년전쟁 후반, 잔 다르크가 오를레앙을 해방시킴.
1434	이탈리아 재벌이자 예술의 보호자인 메디치가가 피렌체 지배권 확립.
1436	샤를 7세가 이끄는 프랑스군이 잉글랜드군에게서 파리 탈환.
1453	오스만 제국이 비잔틴 제국을 멸망시킴.
1473	코페르니쿠스 탄생. 천동설(지구중심설)을 뒤집고 지동설(태양중심설) 주장.
1479	스페인 왕국 성립으로 레콩키스타 종료.
1492	콜럼버스가 스페인 왕실의 원조로 신대륙 도달.
1517	마틴 루터가 95개조 반박문 발표. 개신교 탄생의 계기.
1521	마젤란 함대가 태평양 경유로 세계일주 성공.
1534	영국 국교회가 수장법으로 가톨릭교회에서 분리.
1555	아우크스부르크 화의로 신성 로마 황제가 개신교 신앙의 자유를 인정.
1564	세계 문학의 표준이 된 《햄릿》 등을 집필한 셰익스피어 탄생.
1570	로마 교황이 소국 잉글랜드를 대국으로 만든 엘리자베스 1세 파문.
1572	파리의 성 바르톨로뮤 대학살로 개신교인이 무차별 살해됨.
1588	아르마다 해전. 스페인 무적함대가 잉글랜드 함대에 패배.
1598	바로크 예술의 최고 작품을 다수 만들어 낸 잔 로렌초 베르니니 탄생.
1598	앙리 4세가 낭트 칙령 발표. 개신교도에게도 가톨릭과 같은 권리 인정.

288

비잔틴 건축

고딕 건축

파리 노트르담 대성당(1163~1250)

샤르트르 대성당(재건 1194~1220)

아미앵 대성당(1220경)

칼렌데르하네 모스크

생트샤펠(1243~1248)

(Kalenderhane Mosque)(12세기 중반)

쾰른 대성당(1248~1880)

엑서터 대성당(1329~1369)

글로스터 대성당(1337~1367)

프라하 대성당(1344~1385)

울름 대성당(1377~1890)

세비야 대성당(1401~1506)

르네상스 건축

보육원(1419~1445)

산로렌초 성당(1425경)

산타마리아 델피오레 대성당(1436 헌당)

킹스 칼리지 예배당(1446~1515)

산피에트로 인 몬토리오 성당의

순교 기념당(1502~1510)

세고비아 대성당(1525~1591)

산피에트로 대성당(1506 기공)

샹보르 성(1519~1547)

빌라 로톤다(1550경)

마니에리즘 건축

팔라초 델테(1535)

바로크 건축

캄피돌리오 광장(1536경)

팔라초 데이콘세르바토리(1561~1584)

일 제수(Il Gesù) 교회당(1568~1582)

팔라초 파르네제(1546~1549)

1600	잉글랜드가 동인도 회사 설립.
1623	파스칼의 정리로 유명한 파스칼 탄생. 철학자, 사상가 등으로도 활약.
1633	근대 과학의 아버지 갈릴레이가 지동설을 주장하여 로마 교황청에서 유죄 판결.
1648	베스트팔렌 조약으로 17세기 최대의 전쟁인 30년 전쟁 중단.
1687	근대 물리학의 조상 뉴턴이 만유인력 발견.
1689	잉글랜드 왕 윌리엄 3세가 권리 선언에 서명, 권리장전 반포.
1701	루이 14세가 스페인 계승 전쟁 일으킴. 프랑스 재정 악화.
1703	표트르 1세가 러시아 근대화 추진, 기반을 정비하여 러시아 제국을 출범시킴.
1718	국력 회복을 꾀하는 스페인과 동맹국(영국·프랑스·네덜란드·오스트리아) 간의 4국 동맹 전쟁 발발.
1756	오스트리아가 영토 회복을 도모한 끝에 7년 전쟁 일으킴. 전 세계로 확산.
1760경	산업혁명 시작. 면직물 생산 등 기술 혁신, 와트 증기기관 개량.
1773	보스턴 차 사건. 영국의 식민지 정책에 식민지 국민 분개.
1775	미국이 본국 영국에 반기를 들어 일으킨 독립 전쟁 승리. 지휘관은 워싱턴. 290
1789	프랑스 혁명. 절대 왕정의 실정에 대해 시민이 봉기함.
1804	원정으로 명성도 얻고 민중의 권리도 지켜 인기를 얻은 나폴레옹이 황제로 즉위.
1808	프랑스의 압제에 민중이 저항, 독립을 지킨 스페인은 독립 전쟁을 일으킴.
1830	프랑스 7월 혁명. 1789년의 프랑스 혁명이 수포가 된 것에 민중이 반발함.
1839	미국의 석유 정유 사업의 90%를 독점한 석유왕 록펠러 탄생.
1847	미국에서 발명왕 에디슨 탄생. 일생에 1300건 이상의 발명과 기술 혁신.
1848	유럽 전역에서 혁명 운동 발발. '민족의 봄' 시작.
1851	런던에서 세계 최초의 만국 박람회 개최.
1859	다윈이 모든 생물이 공통 조상에서 진화했다는 《종의 기원》 발표.
1861	무역, 노예에 대한 정책 차이로 미국을 양분한 남북 전쟁 발발.
1865	남북 전쟁에서 북군을 승리로 이끈 링컨 대통령 암살. 노예제는 폐지됨.
1870	프로이센·프랑스 전쟁으로 프랑스 제2제정 종결.
1878	베를린 회의 개최. 제국주의 시대 시작.
1896	아테네에서 제1회 하계 올림픽 개최.
1903	라이트 형제, 인류 최초의 유인 동력 비행에 성공.
1905	현대 물리학의 아버지 아인슈타인이 '특수 상대성 이론' 발표.

바로크 건축

산카를로 알레 콰트로 폰타네 대성당

(1638~1667)

산피에트로 대성당 열주랑(1656~1667)

보르비콩트 성(1657~1661)

베르사유 궁전(1668~1684)

신고전주의

생트주느비에브 교회(1755~1780)

로코코

오텔 드수비즈(1735~1737)

픽처레스크

스트로베리 힐(1748~1776)

프티 트리아농 아모(1782~1786)

그릭 리바이벌

알테스 무제움(1824~1828)

발할라(1830~1842)

고딕 리바이벌

키블 칼리지 예배당(1857~1883)

웨스트민스터 궁전(재건 1860)

아트 앤 크래프트

레드 하우스(1860)

철제 건축

에펠 탑(1877~1889)

영국 왕립 재판소(1874~1882)

아르누보

타셀 저택(1893)

모데르니스모

카사 바트요(1904~1906)

카사 밀라(1906~1910)

제체시온

빈 우편저금국(1906)

프레리 스타일

로비 하우스(1909)

1914	제1차 세계대전 발발. 단기간에 세계 규모의 전쟁으로 발전.
1917	러시아 혁명 후 로마노프 왕조 멸망, 소비에트 정부 수립.
1929	뉴욕 주가 폭락으로 세계 공황 시작.
1934	히틀러, 제1차 세계대전에 불만을 품은 시민의 압도적 지지로 총통 취임.
1939	독일의 폴란드 침공으로 제2차 세계대전 발발.
1945	제2차 세계대전 종전. 핵무기 사용. 희생자 5000만~8000만 명으로 추계.
1961	베를린 장벽이 건설되고 독일은 동서로 분단.
1964	베트남 통일 전쟁에 미국이 개입하면서 확산.[3]
1969	아폴로 계획으로 인류가 달에 착륙.
1989	냉전 종결.
1990	인터넷 보급 개시.
1991	소련 해체로 사회주의 국가의 이상 소멸. 베를린 장벽 붕괴.
2007	애플이 스마트폰 발매.

큐비즘

코바로비츠 빌라(1913)

미래파

고층주택(1914)

표현주의

아인슈타인 탑(1921)

아르데코

크라이슬러 빌딩(1930)

데스틸

슈뢰더 하우스(1924)

구성주의

주에프 노동자 클럽(1929)

모더니즘 건축

데사우의 바우하우스(1926)
바르셀로나 파빌리온(1929)
마르세유의 유니테 다비타시옹(1952)
소크 생물학 연구소(1966)

퓨리즘

빌라 사보아(1930)

브루탈리즘

롱샹 성당(1955)

하이테크 건축

퐁피두 센터(1984)

---

1   고대 로마의 유적 중 하나. 고대 로마인의 생활에 필수적이었던 신전, 공회당 등 공공시설과 생활 시설이 모여 있다.
2   페르가몬 왕국의 아탈로스 2세가 아테네에 감사 선물로 지어 준 건물. '스토 아'는 열주랑을 뜻한다. 고대 그리스인은 여기 모여 토론 등의 교류를 즐겼다.
3   때마침 TV가 대량 보급되어 잔혹한 학살 장면을 실황 중계함으로써 전쟁을 세계화시켰다.

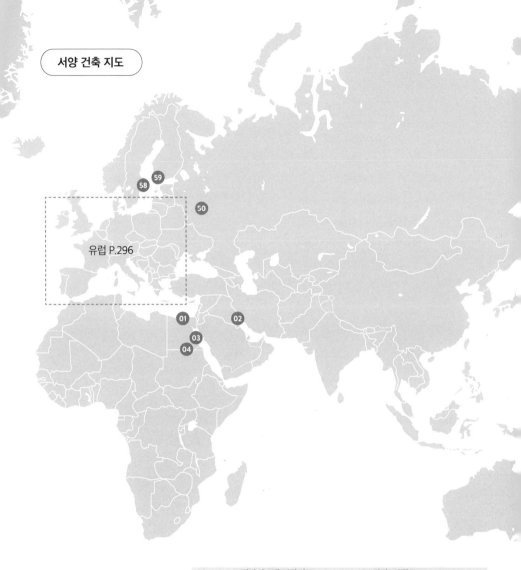

서양 건축 지도

유럽 P.296

다음 페이지에 계속

유럽, 파리, 로마

파리

로마

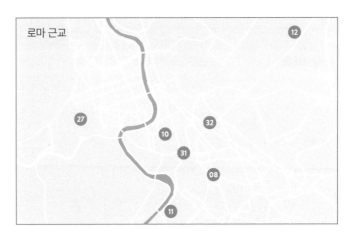

로마 근교

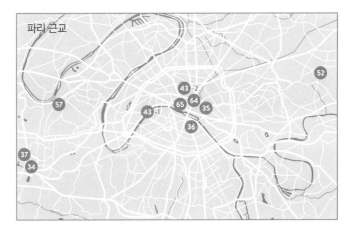

파리 근교

저자 약력

스기모토 다쓰히코 杉本龍彦

고가쿠인대학 대학원 석사과정을 수료하고 현재 스기모토 다쓰히코 건축설계사무소 대표이다. 건축 설계에 관한 전문서적을 여러 권 저술했으며, 더 많은 사람에게 건축의 즐거움을 알리고자 대중 교양서 집필에도 힘쓰고 있다.

나가오키 미쓰루 長沖充

도쿄예술대학 대학원 건축과를 수료하고 오가와 건축공방, TESS 계획 연구소를 거쳐 현재 나가오키 미쓰루 건축 설계실 대표이다. 도립 시나가와 직업훈련 학교, 아이즈대학, 니혼대학 등에서 강의했다.

가부라기 다카노리 蕪木孝典

쓰쿠바대학 대학원 예술연구과를 수료하고 테이크나인 계획 설계 연구소 등을 거쳐 현재 ㈜중앙주택 토건분양 설계본부에서 일한다. 도쿄건축사회환경 위원회 위원이기도 하다.

이토 마리코 伊藤茉莉子

니혼대학 생산공학부 건축공학과를 졸업했다. KITI 일급건축사 사무소 대표를 거쳐 현재 캠프디자인 공동대표로 재직 중이다. 아이즈대학에서 학생들을 가르친다. 공저로《설계 전문가들의 정리법》등이 있다.

가타오카 나나코 片岡菜苗子

니혼대학 대학원에서 건축공학을 전공하고 현재 시노자키 겐이치 아틀리에에서 일하고 있다.《건축의 스케일 감각(建築のスケール感)》등의 저서가 있다.

나카야마 시게노부 中山繁信

호세이대학 대학원에서 건설공학을 수료하고 미야와키 마유미 건축연구실, 고가쿠인대학 이토 데이지 연구실을 거쳐 2010년까지 고가쿠인대학 건축학과 교수로 재직했다. 현재 TESS 계획연구소 대표이다.《세상에서 가장 친절한 건축디자인 교과서》,《계단을 이해하는 책》등 건축에 관한 여러 저서가 있다.

그림 고시이 다카시 越井隆

도쿄조형대학 디자인과를 졸업하고 잡지, 출판, 광고 등 다양한 분야에서 활동 중이다.《건축용어도감 일본편》을 비롯한 여러 단행본에 삽화를 그렸다.

옮긴이 노경아

한국외대 일본어과를 졸업하고 대형 유통회사에서 10년 가까이 근무하다가 오랜 꿈이었던 번역가의 길로 들어섰다. 번역의 몰입감, 마감의 긴장감, 탈고의 후련함을 즐길 줄 아는 꼼꼼하고도 상냥한 일본어 번역가. 현재 번역 에이전시 엔터스코리아의 출판기획 및 일본어 전문 번역가로 활동하고 있다. 역서로 《세계 건축가 해부도감》, 《작은 집 짓기 해부도감》, 《물류는 세계사를 어떻게 바꾸었는가》, 《오스만 제국》, 《지도로 읽는다 세계 5대 종교 역사 도감》, 《너무 재밌어서 잠 못 드는 경제학》, 《나이 든 나와 살아가는 법》 등이 있다.

세상엔 알고 싶은 건축물이 너무도 많아

초판 1쇄 발행 2021년 7월 15일
초판 7쇄 발행 2024년 3월 15일

지은이 스기모토 다쓰히코, 나가오키 미쓰루, 가부라기 다카노리, 이토 마리코,
　　　　가타오카 나나코, 나카야마 시게노부, 고시이 다카시(그림)
옮긴이 노경아
발행인 김형보
편집 최윤경, 강태영, 임재희, 홍민기, 박찬재, 강민영
마케팅 이연실, 이다영, 송신아　**디자인** 송은비　**경영지원** 최윤영

발행처 어크로스출판그룹(주)
출판신고 2018년 12월 20일 제 2018-000339호
주소 서울시 마포구 양화로10길 50 마이빌딩 3층
전화 070-5080-4037(편집) 070-8724-5877(영업)　**팩스** 02-6085-7676
이메일 across@acrossbook.com　**홈페이지** www.acrossbook.com

한국어판 출판권 ⓒ 어크로스출판그룹(주) 2021

ISBN 979-11-90030-98-4 03900

만든 사람들
편집 최윤경　**교정** 안덕희　**디자인** 송은비